APPENDICE.

OBSERVATIONS

SUR LE PROJET DE LOI

CONCERNANT LES

BREVETS D'INVENTION

OBSERVATIONS

SUR LE PROJET DE LOI

CONCERNANT

LES BREVETS D'INVENTION

PAR PERPIGNA

ANCIEN AVOCAT A LA COUR D'APPEL
DE PARIS

PARIS

CHEZ L'AUTEUR

A son Cabinet spécial pour l'Obtention de Brevets en tous pays
rue Sainte-Anne, 46
ET CHEZ LES PRINCIPAUX LIBRAIRES

1852

Paris.—Imprimerie Bonaventure et Ducessois, quai des Grands-Augustins, 55.

OBSERVATIONS

SUR LE PROJET DE LOI

CONCERNANT LES

BREVETS D'INVENTION

—————————◦—————————

Les lois sur les brevets d'invention de l'année 1791, et les diverses décisions législatives qui les ont successivement modifiées, sont, sauf la défense de faire breveter à l'étranger une invention déjà brevetée en France, d'une conception large et éclairée : elles ont toujours été appliquées par l'administration d'une manière toute paternelle.

La nouvelle loi est conçue sous un point de vue plus étroit, elle est plus rigoureuse dans ses dispositions; la taxe des brevets de cinq et de dix ans a été augmentée; des formalités nombreuses sont exigées sous peine du rejet de la demande; l'introduction des inventions étrangères est entravée par la suppression des brevets d'importation. Car l'autorisation accordée à l'inventeur étranger déjà breveté dans son pays de faire reconnaître son droit en France sera illusoire dans beaucoup de cas, et les formalités exigées pour cette concession, paraissent avoir été prescrites sans qu'on ait pris la peine de consulter la nature des brevets étrangers, ni le mode adopté dans les divers pays pour leur concession.

En résumé la nouvelle loi, dont la rédaction laisse beaucoup à désirer, paraît destinée plutôt à faire regretter les lois de 1791 qu'à les faire oublier.

Nous examinerons le projet article par article.

TITRE I.

DISPOSITIONS GÉNÉRALES.

Art. 1er. Toute nouvelle découverte ou invention dans tous les genres d'industrie confère à son auteur un droit de jouissance entière et exclusive, pour le temps et sous les conditions qui seront ci-après déterminés.

Ce droit est constaté par des titres délivrés par le Gouvernement, sous le nom de *brevets d'invention*.

La découverte ou l'invention *ne confère pas* un droit de jouissance entière et exclusive à son auteur; c'est si vrai que si l'inventeur ne prend pas de brevet, le droit n'existe pas; si ce droit résultait du seul fait de la découverte, il pourrait être constaté par tout moyen généralement admis par la loi et la jurisprudence pour la démonstration complète de l'existence d'un droit.

La rédaction du nouveau projet de loi est infiniment moins claire, moins vraie que celle de l'article 1er de la loi du 7 janvier 1791.

« Toute découverte ou nouvelle invention dans tous
« les genres d'industrie est la propriété de son auteur;
« en conséquence, la loi lui en garantit la pleine et entière
« jouissance, suivant le mode et pour le temps qui sont
« ci-après déterminés. »

Le projet de loi sur les brevets soumis aux délibérations

des conseils généraux en 1837 offre la même pensée, mais formulée dans des termes plus appropriés et exprimés d'une manière plus exacte que dans le projet actuel.

« L'invention de nouveaux produits industriels, l'inven-
« tion de nouveaux moyens pour produire des objets
« connus, l'application nouvelle de moyens connus à la
« fabrication ou à la préparation d'objets connus, mais
« qui étaient produits ou préparés par d'autres procédés,
« donnent droit, au profit de l'inventeur, à un brevet
« d'invention. »

Nous estimons qu'on rendrait mieux la pensée du législateur, en rédigeant, de la manière suivante, l'article 1er :

Toute nouvelle découverte ou invention dans tous les genres d'industrie est la propriété de son auteur. La jouissance entière et exclusive lui en est assurée pour le temps et sous les conditions ci-après déterminés.

Le droit à cette jouissance est constaté par des titres délivrés par le gouvernement, sous le nom de brevets d'invention.

Art. 2. Sont susceptibles d'être brevetés :

L'invention de nouveaux produits industriels ;

L'invention de nouveaux moyens, ou l'application nouvelle de moyens connus, pour l'obtention d'un produit industriel.

Que doit-on entendre par produits *industriels*? Le sens le plus naturel est que ce sont des produits fabriqués, soit directement par la main de l'homme, soit par une machine organisée à cet effet, et qui sont susceptibles d'être mis dans le commerce.

Cette définition offre-t-elle, d'après la pensée du législateur, le sens qu'on doit attacher au mot *industriel*?

S'il en est ainsi, les préparations pharmaceutiques seraient nécessairement comprises dans la généralité d'une pareille définition.

Le législateur a-t-il eu la pensée de les admettre au bénéfice des brevets d'invention? Cela paraîtrait résulter de la dénomination de produits *industriels,* qui pourrait tout aussi bien s'appliquer aux préparations pharmaceutiques qu'à la création de tous autres objets susceptibles d'être vendus ou achetés.

Cette induction recevra une nouvelle force de la rédaction de l'article 3, comme nous le verrons ci-après.

Sous l'empire des lois actuelles sur les brevets d'invention, on est inventeur par création, quand on crée des producteurs ou des produits nouveaux. On est inventeur par application, quand on emploie d'une manière nouvelle des moyens connus : ces deux genres d'invention sont consacrés par le premier et second paragraphes de l'article 2.

Mais on peut encore être inventeur par combinaison, en combinant des moyens connus déjà employés séparément, mais non encore employés dans leur ensemble; cette découverte ne serait-elle plus une invention? ou devrait-elle être comprise dans les mots *application nouvelle de moyens connus?*

La loi du 7 janvier 1791 est bien plus favorable à l'inventeur, elle reconnaît l'invention partout où elle existe réellement.

« Tout moyen d'ajouter à quelque fabrication que ce « puisse être un nouveau genre de perfection, sera re- « gardé comme une invention » (art. 2).

Ainsi, pour savoir s'il y a invention dans un procédé, il suffit d'examiner si ce procédé a imprimé un progrès, une amélioration quelconque à l'industrie à laquelle il s'applique.

On sentira combien cette rédaction est précieuse,

combien elle est formulée avec art, si l'on réfléchit combien sont impalpables, imperceptibles, les caractères d'une invention qui ne signale son utilité que par ses résultats, et combien il est impossible d'embrasser les inventions de toutes espèces dans une définition aussi laconique que celle de l'art. 2 du nouveau projet de loi.

Nous espérons que l'article 2 de la loi du 7 janvier 1791 sera inséré dans la loi nouvelle, ce serait une grande garantie pour l'esprit d'invention.

Art. 3. Ne sont pas susceptibles d'être brevetés :

Les principes, méthodes, systèmes et généralement toutes découvertes ou conceptions purement scientifiques ou théoriques ;

Les plans et combinaisons de crédits ou de finances.

L'article 3 déclare non brevetables les principes, méthodes, systèmes et généralement toutes découvertes ou conceptions purement scientifiques ou théoriques.

Il est évident que les attributs *purement scientifiques ou théoriques* doivent, dans la pensée du rédacteur du projet, affecter les mots *principes, méthodes* et *systèmes,* aussi bien que ceux *découvertes* ou *conceptions;* mais il faut convenir aussi que la rédaction laisse beaucoup à désirer; on lèverait tout doute en modifiant le passage comme suit : « *Les principes, méthodes, systèmes purement scientifiques ou théoriques, et généralement toutes découvertes ou conceptions de cette espèce.* »

Les préparations pharmaceutiques seront-elles brevetables ou non? Oui, d'après la rédaction de l'article 2 ; oui, encore, d'après les termes de l'article 3.

Nous avons démontré que l'art. 2 comprenait nécessairement par sa rédaction les inventions pharmaceutiques parmi celles susceptibles d'être brevetées.

L'art. 3 confirme cette interprétation en ne les excluant pas du bénéfice de l'obtention de brevets; elles sont donc essentiellement brevetables.

Car il est de principe invariable que les exceptions ne doivent pas être étendues.

Telle doit avoir été la pensée du rédacteur du projet; car, dans le projet de 1837, il déclarait non susceptibles d'être brevetés « les compositions *pharmaceutiques*, spécifiques, remèdes » : lesdits objets demeurant soumis aux règlements spéciaux sur la matière, et notamment au décret du 10 août 1810, relatif aux remèdes secrets. Et aujourd'hui cette exclusion ne se trouve pas reproduite dans le nouveau projet de loi.

Art 4. La durée des brevets sera de cinq, dix ou quinze années.

Chaque brevet donnera lieu au paiement d'une taxe qui est fixée ainsi qu'il suit, savoir :

500 fr. pour un brevet de cinq ans ;

1,000 fr. pour un brevet de dix ans;

1,500 fr. pour un brevet de quinze ans.

La taxe des brevets est augmentée pour les brevets de cinq et de dix ans, et c'est un malheur; car cette augmentation frappe ceux des inventeurs dont les moyens pécuniaires sont les moins considérables, et donne à l'inventeur riche un avantage réel sur l'inventeur pauvre. Remarquez qu'une taxe sur le génie industriel est odieuse quand elle a pour effet de sécher l'invention dans son germe; que la plupart des inventions saillantes, de celles qui ont changé la face du monde industriel, sont dues à de simples ouvriers, à des contre-maîtres sans fortune.

Exiger un droit considérable pour la concession d'un brevet, c'est exclure tous ceux qui ne le peuvent payer ; c'est, par cela même, comprimer le génie inventif, entraver l'industrie, et priver le public de découvertes utiles.

Avec une taxe légère, l'esprit d'invention se développe, se propage, les brevets se multiplient, et l'industrie reçoit bientôt des améliorations sensibles dans toutes ses branches.

Nul inconvénient ne peut résulter du grand nombre de brevets : si les inventions sont frivoles, le public n'éprouve aucune perte ; si elles sont utiles, il en retire, et sans bourse délier, de grands avantages.

On ne doit pas craindre non plus que les brevetés soient récompensés outre mesure. Quelques-uns, et ceux-là sont en petit nombre, ont pu réaliser de grands bénéfices ; mais combien n'y en a-t-il pas, qui, avec de bonnes inventions, se sont ruinés, tant à cause des frais qu'occasionnent toujours les nombreux essais auxquels il faut se livrer, qu'en raison de la répugnance du public à changer d'anciennes habitudes pour se soumettre à des idées nouvelles ?

Selon nous, les brevets doivent être à bon marché, parce que, en les accordant, le gouvernement se borne à donner acte de la déclaration que font les inventeurs, qu'ils ont réellement découvert la chose pour laquelle ils demandent un brevet. Toute somme payée au gouvernement pour un brevet au-delà des frais nécessaires à son expédition est une taxe sur l'industrie, taxe d'autant plus pesante qu'elle est exigée, quel que soit le succès de l'invention.

La construction des modèles, les essais, les améliorations et les changements nécessaires, entraînent dans toute invention des frais si considérables qu'ils épuisent bientôt le modeste pécule de l'industriel ; et, quand l'invention a reçu tous les perfectionnements dont elle est susceptible, souvent il ne reste plus assez d'argent à l'inventeur pour payer la taxe d'un brevet de quinze années ; ou bien, s'il commence par prendre un brevet de cette durée, les frais de cette demande absorbent une partie notable des ressources qu'il aurait pu consacrer au développement de sa découverte.

Ainsi les brevets de quinze ans, qui, seuls, nous paraissent offrir quelques chances de succès, sont trop coûteux pour la plupart des industriels.

Mais, dira-t-on encore, la prévoyance du législateur a embrassé tous les cas possibles, pourvu à toutes les exigences, et concilié tous les intérêts. La taxe est graduée proportionnellement à l'importance de l'invention et aux moyens pécuniaires de l'inventeur. Ceux à qui leur fortune ne permettra pas de prendre un brevet de quinze ans, peuvent en prendre un de cinq ou dix ans.

Supposons un brevet de cinq ans : c'est peu de l'avoir obtenu, il faut l'exploiter ; l'intérêt personnel du breveté l'exige ; la loi lui en fait une obligation. Calculons donc le temps qu'il faut pour former un établissement d'un genre nouveau, pour fabriquer des produits, les faire connaître, les répandre, vaincre les préjugés d'un public toujours en garde contre les inventions nouvelles, attirer les acheteurs, obtenir, augmenter, multiplier les commandes. Tenons compte des interruptions causées par les changements que l'expérience suggère, afin d'atteindre le perfectionnement dont est toujours susceptible une industrie nouvelle, et nous verrons que trois ou quatre années seront employées à obtenir tous ces résultats, et cependant c'est sur eux seuls que repose tout l'avenir du breveté. Les deux années, au plus, qui lui restent, ne sauraient suffire pour le rembourser de ses avances et l'indemniser de ses travaux. De pareils brevets n'offrent presque jamais des résultats avantageux; la jouissance exclusive qu'ils assurent est trop courte.

De leur côté, les capitalistes, n'ayant pas la perspective de bénéfices importants pendant un certain nombre d'années, espérance qui, seule, peut compenser les chances d'une spéculation industrielle, ne veulent pas s'intéresser à une entreprise dont le privilége est si limité. Ainsi, tout manque à-la-fois à l'inventeur qui n'a qu'un brevet de cinq ans, et le temps de retirer par lui-même les avantages que promet son invention, et les capitaux qui pourraient assurer le succès en mettant l'inventeur à portée de faire beaucoup en peu de temps.

Les mêmes raisons s'appliquent, quoique avec moins de force, aux brevets de dix ans, qui d'ailleurs coûtent trop cher.

Trois ou quatre années sont nécessaires pour monter une entreprise industrielle et en obtenir des produits, et les six années qui restent ne sont pas encore suffisantes pour récompenser l'industriel de ses avances, de ses longues recherches et de ses nombreux travaux, pour lui permettre, en un mot, de tirer un grand parti de sa découverte.

L'Angleterre, qui, la première de toutes les nations, a donné à la propriété industrielle l'appui d'une sanction législative, a fixé la durée des brevets à quatorze ans. Les États-Unis d'Amérique ont adopté la même fixation; c'est que ces deux peuples, éminemment industriels, ont senti qu'il n'est guère possible de tirer un parti avantageux d'une invention dans un moindre intervalle de temps.

Toutefois, la fixation d'un terme unique peut aussi avoir des inconvénients, parce qu'elle nécessite une dépense, en pure perte, pour les inventions qui n'auraient aucun succès. La faculté accordée aux brevetés par la loi autrichienne d'obtenir la prolongation de leur privilége, et de le faire porter de cinq à quinze ans, est une disposition de beaucoup préférable, et qu'il serait à désirer de voir introduire dans notre législation.

Par la loi autrichienne, un inventeur breveté pour cinq ans peut prolonger son brevet jusqu'à l'extréme limite de quinze ans, en payant un droit annuel. Il renonce de fait à son brevet, qui tombe dans le domaine public, s'il n'effectue pas le paiement de l'annuité à l'époque précise.

Cette disposition éminemment libérale, qui place l'inventeur pauvre et l'inventeur riche presque sur le même niveau, pourrait recevoir une application heureuse dans l'article 4. Si toutefois on persiste à maintenir la fixation des droits à payer pour l'obtention des brevets au taux élevé qui y est indiqué, on pourrait admettre le paiement des droits par annuités à raison de cent francs pour chaque année de jouissance, depuis deux ans jusqu'à quinze ans.

TITRE II.

DES FORMALITÉS RELATIVES A LA DÉLIVRANCE DES BREVETS.

SECTION I.

Des demandes de brevet.

Art. 5. Quiconque voudra obtenir un brevet d'invention devra déposer sous cachet, au secrétariat de la préfecture de son département, une demande contenant :

1° Sa requête;

2° Une description de la découverte, invention ou application faisant l'objet du brevet demandé;

5° Les dessins ou échantillons qui seraient nécessaires pour l'intelligence de la description ;
Et 4° un bordereau des pièces déposées.

Pourquoi obliger l'impétrant d'adresser la demande
au secrétariat de son département? Quel inconvénient
y aurait-il à lui permettre de s'adresser au secrétariat
d'un autre département, à la seule condition d'élire
domicile dans ledit département ?

Ne sait-on pas que c'est à Paris seulement qu'on peut
obtenir les renseignements nécessaires, soit par la communication des descriptions au ministère du commerce,
soit en s'adressant aux sommités de la science, aux
sociétés savantes qui éclairent l'inventeur en lui indi-
quant les découvertes déjà connues qui ressemblent à la
sienne?

Ne sait-on pas qu'à Paris, plus qu'en aucune autre
ville de France, on trouve des dessinateurs habiles pour
dessiner les machines, des mécaniciens expérimentés
pour exécuter les modèles, et des avocats qu'une longue
pratique a exercés pour diriger les inventeurs dans la
spécification de leurs découvertes?

Pourquoi obliger l'inventeur qui est venu puiser à Paris
les renseignements qui lui manquaient, à retourner dans
son département avant d'avoir pu s'assurer la propriété
de sa découverte par une demande régulière?

Pourquoi offrir ainsi à l'inventeur parisien un avantage marqué sur l'inventeur de province ?

Il n'est aucune réponse raisonnable à faire à ces questions ; comme, d'un autre coté, on ne s'explique pas trop
ce que c'est qu'une demande qui contient une requête,
une description, des dessins ou échantillons, et un bordereau de pièces dont évidemment, ici, le mot propre serait
paquet. Nous estimons dès lors qu'il y aurait lieu de

modifier le premier alinéa de l'art. 5 de la manière suivante :

Quiconque voudra obtenir un brevet d'invention, devra déposer au secrétariat, soit du département où il réside, soit de tout autre département, à la charge d'y élire domicile, un *paquet* contenant....

Art. 6. Aucune demande ne devra comprendre plus d'un objet distinct.

La requête ne contiendra aucune restriction, condition ou réserve.

La description, sur papier au timbre de 1 fr. 50 cent., devra être entièrement écrite en français, sans altérations ni surcharges; les mots rayés nuls comptés; les pages et les renvois paraphés. Elle ne devra contenir aucune dénomination de poids ou de mesures autres que celles qui sont portées au tableau annexé à la loi du 4 juillet 1837.

Les dessins seront tracés à l'encre et à l'échelle métrique.

Un duplicata de la description et des dessins sera jointe à chaque demande.

Toutes les pièces seront signées par le demandeur ou son représentant, dont le pouvoir restera annexé à la demande.

L'obligation d'écrire les descriptions sur timbre de 1 fr. 50 c. sera très-lourde pour les inventeurs qui ne prennent que des brevets de cinq ans; il est telle invention qui ne pourra être convenablement décrite qu'en employant vingt ou trente feuilles, d'où résultera un surcroît de frais.

La description devra être *entièrement* écrite en français: cette obligation est d'une exécution impossible pour certaines industries, qui, créées en Angleterre, par exemple, ne peuvent être décrites qu'en employant des mots qui n'ont en français aucun équivalent. C'est ainsi que l'industrie des tulles de coton n'est connue en France, dans ses détails, que sous des noms anglais ; il en est de même pour les locomotives, les chemins de fer, et tant d'autres industries qui ont été transportées en France avec les termes techniques employés en Angleterre pour les décrire.

Cet article ne peut donc pas recevoir une application rigoureuse; il convient dès lors de supprimer le mot *entièrement*, qui admettrait la possibilité d'employer des termes étrangers, quand la langue française n'en présenterait pas d'analogues.

Jusqu'à présent on n'avait pas exigé de pouvoir, quand une personne déclarait demander un brevet au nom et pour le compte d'un tiers; on regardait le versement de la taxe effectué et le dépôt exécuté audit nom comme une preuve matérielle de la sincérité d'un mandat verbal : aujourd'hui on exige une procuration qui nécessite encore des frais, alors que l'on augmente le montant de la taxe des brevets de cinq et de dix ans.

Ce document, dont une pratique de cinquante années n'a pas fait reconnaître la nécessité, nous semble complétement inutile.

Art. 7. Aucun dépôt ne sera reçu que sur la production d'un récépissé constatant le versement d'une somme de 200 fr. à valoir sur le montant de la taxe du brevet.

Un procès-verbal, dressé sans frais par le secrétaire-général de la préfecture et signé par le
demandeur, constatera chaque dépôt en énonçant
le jour et l'heure de la remise des pièces.

Une expédition dudit procès-verbal sera remise au déposant, moyennant le remboursement
des frais de timbre et d'enregistrement.

Art. 8. La date du dépôt constituera le point
du départ des droits et des obligations du breveté
et de la durée de son brevet.

L'art. 8 contient une disposition d'une grande injus-
tice, et qui, nous l'espérons, n'obtiendra pas la sanction
des chambres : c'est celle qui fait courir la durée des
brevets du jour de la demande. On conçoit bien que
lorsque l'impétrant a rempli toutes les formalités prescrites par la loi, son invention doit lui être assurée, et
qu'on ne saurait lui imputer les délais que l'administration met à expédier son titre; dès lors il est juste que ses
droits soient garantis à partir du dépôt.

Mais est-il juste de faire commencer la durée de son
brevet avant qu'il ne l'ait reçu? La négative ne saurait
être douteuse.

Veut-on savoir le temps que l'administration met à
accorder des brevets? Ce temps a varié depuis un mois
jusqu'à six mois et plus. Il est même un exemple où un
brevet demandé en 1831 n'a été accordé que *sept années*
après, c'est-à-dire en 1838. D'après le système introduit
dans la nouvelle loi, ce brevet aurait été expiré avant
d'être accordé.

Comment! on fera payer fort cher un titre au breveté,
et il devra perdre sur la durée du brevet sollicité tout le

temps que l'administration mettra à le lui expédier! Et si par suite du nombre de demandes, ou pour toute autre cause, l'administration met trois, quatre ou même six mois à lui accorder son titre, l'inventeur se verra frustré indûment du dixième du temps de son privilége.

Et si son brevet s'égare dans les bureaux, s'il est oublié dans les cartons, s'il perd son tour, soit par le mauvais vouloir de quelques-uns des employés, ou par toute autre cause sur laquelle il n'aura aucun contrôle, l'impétrant attendra vainement son titre pendant des mois et même des années.

Mais, dira-t-on, ces abus ne se renouvelleront plus ; les brevets seront expédiés plus promptement que par le passé, et la perte de temps sera illusoire pour le breveté, dont les droits sont d'ailleurs garantis. En supposant même que ce temps ne fût que de quinze jours, et il ne sera pas moins d'un mois, il y aurait encore perte réelle pour le breveté.

Et la contrefaçon, comment pourra-t-il la réprimer, s'il n'a pas encore son brevet quand celle-ci envahit ses droits ?

Ce sera pour lui chose impossible, car l'art. 46 porte que pour être apte à faire constater la contrefaçon, il faut *représenter le brevet ;* le brevet devant être joint à la requête nécessaire pour obtenir l'autorisation de faire saisir ou même décrire les objets argués de contrefaçon. Il en résulte évidemment que le breveté restera désarmé pendant tout le temps que l'administration mettra à lui concéder son privilége, que la contrefaçon pourra lui faire hardiment et sans danger une concurrence ouverte; comment dès lors faire commencer la durée du privilége à une époque où le breveté est paralysé dans l'exercice de ses droits ?

La raison et l'équité prescrivent de ne faire commencer la durée du brevet que du jour où il est réellement délivré.

SECTION II.

De la délivrance des brevets.

Art. 9. Aussitôt après l'enregistrement des demandes, et dans les dix jours de la date du dépôt, les préfets transmettront les pièces au ministre de l'agriculture et du commerce, sous le cachet de l'inventeur, et en y joignant le procès-verbal de dépôt, le récépissé constatant le versement de la taxe, et le pouvoir mentionné dans l'art. 6.

Art. 10. A l'arrivée des pièces au ministère de l'agriculture et du commerce, il sera procédé à l'ouverture, à l'enregistrement et à l'expédition des demandes dans l'ordre de leur réception.

La loi accorde dix jours aux préfets pour adresser les demandes au ministère du commerce ; à ce délai il faudra ajouter le temps matériel nécessaire pour que la dépêche parvienne à sa destination ; il faut ensuite le temps requis pour l'enregistrement des demandes et leur expédition ; les brevets une fois accordés devront ensuite être envoyés aux diverses préfectures. Et qu'on dise s'il est possible qu'un inventeur, qui aura fait sa demande dans le département du Gard, puisse recevoir son brevet dans un mois ? Il n'est pas même probable qu'une demande faite à Paris puisse être accordée dans cet espace de temps, car il est notoire qu'aujourd'hui même, et sous l'empire de la loi actuelle, il faut, pour recevoir au ministère du commerce une demande de brevet faite à Marseille, moins de temps que n'en met une demande formée à la préfecture de la Seine pour parvenir au même ministère.

Il est donc indispensable que la durée du brevet ne commence que du jour de la concession du titre.

Art. 11. Les brevets dont la demande aura été régulièrement formée seront délivrés, sans examen préalable, aux risques et périls des demandeurs, et sans garantie, soit de la réalité, de la nouveauté ou du mérite de l'invention, soit de la fidélité ou de l'exactitude de la description.

Un arrêté du ministre constatant la régularité de la demande sera délivré au demandeur, et constituera le brevet d'invention.

A cet arrêté sera joint le duplicata certifié de la description et des dessins, mentionné dans l'art. 6, après que la conformité avec l'expédition originale en aura été reconnue et établie au besoin.

La première expédition du brevet sera délivrée sans frais. Toute expédition ultérieure donnera droit au paiement d'une taxe de 50 fr.

L'art. 11 semble donner à entendre que les brevets ne seront accordés sans examen, et aux risques et périls du demandeur, que lorsque la demande aura été régulièrement formée ; qu'en cas de demande irrégulièrement formée, il pourra y avoir examen ; d'un autre côté, on ne se rend pas bien compte de la fidélité d'une description ; le mot *sincérité* nous paraîtrait plus convenable. Il nous semble que l'on rendrait la pensée du législateur plus clairement en rédigeant ainsi l'art. 11 :

*Les brevets dont la demande aura été régulièrement for-
mée seront provisoirement délivrés pour deux ans; la concession des brevets sera toujours faite sans examen préalable
aux risques et périls des demandeurs, et sans garantie,
soit de la réalité, soit de la nouveauté ou du mérite de
l'invention, soit de la sincérité ou de l'exactitude de la
description.*

Art. 12. Toute demande irrégulièrement formée sera considérée comme nulle et non avenue;
la somme versée restera acquise au trésor; mais
il en sera tenu compte au demandeur, s'il reproduit sa demande dans un délai de trois mois.

Faut-il que la demande soit la reproduction identique
d'une portion de la demande non accueillie, ou bien est-il
suffisant qu'elle se réfère à la même invention?

Art. 13. Après la délivrance du brevet, et
dans les deux années qui suivront la date du
procès-verbal de dépôt mentionné à l'art. 7, les
brevetés déclareront au secrétariat de la préfecture qui aura reçu ce dépôt la durée qu'ils entendent assigner à leur brevet, dans les limites
fixées par l'art. 4.

Cette déclaration devra être accompagnée d'un
récépissé constatant le paiement du complément
de la taxe du brevet, et elle sera constatée par un
procès-verbal, dans la forme prescrite à l'art. 7.

Les brevets à l'égard desquels cette formalité
n'aura pas été remplie avant l'expiration du
délai ci-dessus seront de nul effet pour l'avenir,

et l'invention qui en était l'objet sera acquise au domaine public.

Nous estimons qu'il serait juste d'accorder deux ans à partir de la concession, et non du dépôt, par les raisons exposées relativement à l'art. 8. On ne comprend pas bien ce que veulent dire ces mots *à l'avenir* dans le troisième alinéa, la rédaction serait plus claire comme suit : « *Après l'expiration du délai ci-dessus, les brevets à l'égard* « *desquels la demande en prolongation n'aura pas été for-* « *mée seront de nul effet, et l'invention qui en fesait l'objet* « *sera acquise au domaine public.* »

Art. 14. Une ordonnance royale, insérée au *Bulletin des Lois*, proclamera, tous les trois mois, les brevets dont la durée aura été déterminée par la déclaration qui précède. Un extrait de cette ordonnance sera délivré à chaque breveté en ce qui le concerne.

Art. 15. La durée des brevets définitifs ne pourra être prolongée dans aucun cas.

Il conviendrait d'ajouter : *que par une loi.*

SECTION III.

Des certificats d'addition.

Art. 16. Le breveté aura, pendant toute la durée de son brevet, le droit d'apporter à son invention des changements, perfectionnements ou additions, en remplissant, pour le dépôt de sa demande, les formalités déterminées par les art. 5, 6 et 7.

Ces changements, perfectionnements ou addi·
tions, seront constatés par des certificats délivrés
dans la même forme, et qui auront la même durée
que le brevet principal.

Chaque demande de certificat d'addition don·
nera lieu au paiement d'une taxe de 20 fr.

Cet article est la reproduction partielle de l'article 7 du
titre 2 de la loi du 27 mai 1791 ; on a omis une disposition très-importante contenue dans ledit article 7, c'est
la suivante :

« Ces nouveaux brevets (les brevets pour change-
« ments) seront expédiés de la même manière et dans les
« mêmes formes que les brevets d'invention, et ILS
« AURONT LES MÊMES EFFETS. »

Ainsi la durée des brevets d'addition est limitée à celle
du brevet principal; mais, sauf cette exception, ils forment titres par eux-mêmes. Ils sont indépendants du
brevet principal, peuvent être cédés ou exploités séparément; et ont les mêmes effets. Cette disposition, si
favorable aux brevets de perfectionnement, méritait
d'être reproduite dans la nouvelle loi.

Art. 17. Nul autre que le breveté ne pourra,
pendant la durée du brevet provisoire, obtenir
valablement un brevet pour un changement,
perfectionnement ou addition à l'objet du brevet
primitif.

Ici, pour la première fois, le projet de loi parle de *brevet provisoire.* C'est évidemment le brevet accordé pour
deux ans; mais il aurait fallu le qualifier ainsi dans les
articles précédents; c'est ce que nous avons fait dans la
modification proposée pour l'article 11.

Voilà pour la forme; mais, au fond, cet article est une confiscation préalable de toute une industrie au profit d'un demandeur de brevets, et bouleverse tout le système de la loi qui n'admet pas d'examen préalable, et ne donne au breveté aucune garantie. Soit un inventeur qui aura demandé un brevet pour des perfectionnements apportés aux machines à vapeur; direz-vous que nul ne pourra prendre de brevet pour des perfectionnements auxdites machines pendant deux ans? Il suffirait alors d'un petit nombre de brevets pour envahir ainsi toutes les industries principales, et paralyser toutes les améliorations.

Reculerez-vous devant les conséquences d'un pareil système, et direz-vous qu'on comparera les deux inventions et qu'on décidera si elles ont ou non des rapports entre elles? Alors, vous devez vous livrer à un examen, à un examen sérieux et confié à des personnes de l'art; alors vous ne serez plus d'accord avec la déclaration formelle que les brevets seront délivrés *sans examen préalable*.

Cet article, sans être utile aux inventeurs, serait funeste au public; car le breveté, ne craignant pas la concurrence, ne s'occuperait pas d'améliorer son invention pendant les deux ans de privilége exclusif.

Cette disposition serait d'une application très-difficile pour l'administration, et deviendrait la source de procès sans nombre.

C'est une innovation, car pareille disposition ne se trouve ni dans l'ancienne législation française ni dans aucune des législations étrangères, et le peu que nous avons dit suffira, nous l'espérons, pour établir que c'est une innovation funeste.

Art. 18. Tout breveté qui, pour un changement, perfectionnement ou addition, voudra prendre un brevet principal de cinq, dix ou quinze années, au lieu d'un certificat d'addition expirant avec le brevet définitif, devra remplir les formalités prescrites par les art. 5, 6 et 7, et acquitter la taxe mentionnée dans l'art. 4, suivant la durée qu'il assignera audit brevet.

Le breveté pourra-t-il, dans ce cas, demander un nouveau brevet d'abord de deux ans, puis ensuite le prolonger conformément à l'art. 13, en payant la taxe mentionnée en l'art. 4? Cela paraîtrait juste et raisonnable, mais la rédaction de l'article présente de l'obscurité; il conviendrait alors de la modifier comme suit: *Tout breveté, etc., devra remplir les formalités prescrites par les art. 5, 6, 7 et 13, et acquitter la taxe mentionnée dans l'art. 4, suivant la durée qu'il assignera audit brevet.*

Art. 19. Quiconque aura obtenu un brevet pour une découverte, invention ou application se rattachant à l'objet d'un autre brevet, n'aura aucun droit d'exploiter l'invention déjà brevetée, et réciproquement le titulaire du brevet primitif ne pourra exploiter l'invention, objet du nouveau brevet.

SECTION IV.

De l'exploitation et de la cession des brevets.

Art. 20. Tout breveté sera tenu d'exploiter en France, d'une manière effective et continue, et dans un délai de deux ans à compter de la date du procès-verbal de dépôt, l'invention faisant l'objet de son brevet.

Qu'entend-on par exploiter d'une manière effective et continue? Quand le breveté aura fabriqué et qu'il n'aura pu vendre, devra-t-il continuer la fabrication et entasser ses produits dans ses magasins, sous peine de perdre son droit au brevet? Dans tous les cas, les deux ans ne devraient courir qu'à compter de la concession par les raisons sus-indiquées.

Art. 24. Tout breveté pourra céder la totalité ou partie de la propriété de son brevet.

La cession totale ou partielle d'un brevet, soit à titre gratuit, soit à titre onéreux, ne pourra être faite que par acte passé devant notaires.

Aucune cession ne sera valable, à l'égard des tiers, qu'après avoir été enregistrée au secrétariat de la préfecture de chacun des départements du domicile des parties.

Cet enregistrement sera fait sur la production et le dépôt d'un extrait authentique de l'acte de cession, et donnera lieu, pour chaque cession, au paiement d'une taxe de 20 fr.

Les cessions de brevets continueront-elles à être passibles d'un droit d'enregistrement de 2 pour cent du capital déclaré dans l'acte, et cela par assimilation des brevets aux fonds de commerce?

L'art. 22 du projet de loi soumis aux délibérations des conseils généraux, en 1837, stipulait ainsi :

« Les transmissions de brevet, par vente ou donation,
« devront avoir lieu par actes authentiques, lesquels
« ne seront passibles que d'un droit d'enregistrement
« de 5 francs. »

Les charges fiscales imposées aux brevetés sont assez lourdes pour qu'il leur soit permis d'espérer qu'on établira un droit fixe d'enregistrement au lieu d'un droit proportionnel.

A cet égard, nous croyons devoir signaler à M. le ministre du commerce un abus qui existe aujourd'lui dans l'application de la loi actuelle, relativement à l'enregistrement des cessions.

Un droit de 18 francs est établi par le tarif annexé aux lois de 1791 pour l'enregistrement de chaque cession : quand le cédant et le cessionnaire ne demeurent pas dans le même département, il faut faire deux enregistrements, et pour cela on est tenu de payer deux fois la taxe de 18 francs, une fois dans chaque département, quoique la loi ne prescrive qu'une seule taxe pour tous les cas. Le grand intérêt qu'a le cessionnaire d'assurer promptement ses droits vis-à-vis des tiers l'oblige à ce sacrifice; il serait bon qu'une instruction ministérielle remédiât pour l'avenir à cet abus.

Il nous semble qu'on ne pourrait refuser au cessionnaire faisant enregistrer son acte de cession une expédition du procès-verbal dressé à cette occasion, et que cette expédition devrait lui être délivrée, comme il est stipulé art. 7, sur *le simple remboursement des frais de timbre et d'enregistrement.*

L'enregistrement à la préfecture du département du domicile, tant du cédant que du cessionnaire, n'a pour objet que de porter à la connaissance du public de ces départements que le brevet a changé de propriétaire; mais il pourrait se faire que le breveté eût changé de domicile depuis la demande formée; alors cet enregistrement serait fait dans le département du nouveau domicile, et serait inconnu dans le département où la demande aurait été originairement déposée.

Peut-être atteindrait-on d'une manière plus certaine, le résultat voulu, en obligeant le cessionnaire à faire faire l'enregistrement de la cession, tant à la préfecture du département où la demande a été formée par le breveté, qu'à la préfecture où ledit cessionnaire aurait son domicile.

Il arrive souvent que la cession d'un brevet se fait par localités distinctes; on cède, par exemple, le droit d'exploiter un brevet dans tel ou tel département désigné: ne conviendrait-il pas dans ce cas d'obliger le cessionnaire de faire enregistrer son brevet à la préfecture du département où l'exploitation doit avoir lieu par le cessionnaire, si ce département est différent de celui où ledit cessionnaire a son domicile?

Art. 22. Une expédition de chaque procès-verbal d'enregistrement, accompagnée de l'extrait de l'acte de cession ci-dessus mentionné, sera transmise par les préfets au ministre de l'agriculture et du commerce, dans les dix jours de la date du procès-verbal.

Il sera tenu au ministère de l'agriculture et du commerce un registre sur lequel seront inscrites les cessions intervenues sur chaque brevet, et tous les trois mois une ordonnance proclamera dans la forme déterminée par l'art. 14 les cessions enregistrées pendant le trimestre expiré.

Aux termes de l'art. 21, second alinéa, la cession est valable à l'égard des tiers du moment que l'enregistrement a eu lieu aux secrétariats des départements respectifs des parties, c'est la seule formalité exigée; l'inscription au registre tenu au ministère du commerce n'en est que la conséquence nécessaire, il en résulte que cette inscription est obliga:cire du moment que les enregistrements ont eu lieu.

Il arrive souvent, sous la loi actuelle, que des créanciers d'un breveté forment, soit au ministère du commerce, soit à la préfecture, soit dans les deux endroits à-la-fois, des oppositions pour empêcher que leur débiteur ne transporte ses droits à leur préjudice. Le ministre du commerce, ne se constituant pas juge du mérite des oppositions, surseoit à régulariser la cession jusqu'à ce que les tribunaux aient prononcé.

En doit-il être de même encore aujourd'hui? Alors la rédaction de l'art. 22 est vicieuse, car elle implique tout-à-fait le contraire; elle n'impose qu'une condition à la valadité de la cession, celle de l'enregistrement à la préfecture.

Il nous semble qu'il serait convenable de trancher cette difficulté en quelques mots, qui pourraient être formulés ainsi :

Les créanciers du breveté pourront, pour la conservation de leurs droits, s'opposer au transfert du brevet de leur débiteur; à cet effet ils devront notifier une opposition au secrétariat du département où la demande a été formée; cette opposition sera faite en conformité avec les art. 557 et 558 du Code de procédure civile. Aucune opposition ne pourra être faite au ministère du commerce.

Art. 23. Le cessionnaire de la totalité des droits d'un breveté, ou ses cessionnaires partiels agissant ensemble, ou un seul cessionnaire agissant au profit de tous, jouiront du bénéfice des art. 16 et 17.

Art 24. Les cessionnaires d'un brevet, et ceux qui auront acquis du breveté une licence pour l'exploitation de sa découverte ou invention, profiteront de plein droit des certificats d'addition qui lui seront ultérieurement délivrés. Ils pourront en lever une expédition au ministère de l'agriculture et du commerce, moyennant un droit de 20 fr.

A moins de conventions contraires, les acquéreurs d'objets brevetés auront également le droit d'appliquer ou de faire appliquer à ces objets les changements, perfectionnements ou additions garantis par les certificats ci-dessus.

SECTION V.

De la communication et de la publication des descriptions et dessins de brevets.

Art. 25. Les descriptions, dessins, échantillons et modèles des brevets délivrés, resteront déposés au ministère de l'agriculture et du commerce, où ils seront communiqués, sans frais, à toute réquisition.

Il ne pourra être pris aucun calque, croquis ou notes sur ces pièces, échantillons ou modèles.

Il semble qu'on devrait énoncer plus clairement l'intention du législateur; on y serait parvenu en ajoutant le mot *provisoirement* après *des brevets délivrés.*

Art. 26. Les descriptions et dessins de brevets devenus définitifs, conformément à l'art. 15, ainsi que les descriptions et dessins des inventions tombées dans le domaine public, aux termes du même article, seront publiés, soit textuellement, soit par extrait.

Il sera en outre publié, au commencement de chaque année, un catalogue des brevets délivrés dans le courant de l'année précédente.

Il semble que, quand la durée des brevets est devenue définitive, on devrait pouvoir, au besoin, prendre des calques, croquis ou extraits sur ces pièces, sans être obligé d'attendre la publication officielle.

Art. 27. Le recueil des descriptions et dessins et le catalogue publiés en exécution de l'article précédent seront déposés au ministère de l'agriculture et du commerce, au secrétariat de chaque préfecture, où ils pourront être consultés sans frais.

TITRE III.

DES DROITS DES ÉTRANGERS.

Art. 28. Les étrangers résidant en France pourront y obtenir des brevets d'invention.

Pourquoi exiger que les étrangers résident en France pour être aptes à obtenir des brevets d'invention? Quelle garantie une résidence plus ou moins longue, plus ou moins constante, offre-t-elle à l'administration ou au public? La condition de résidence est une entrave gratuite, et ne peut avoir aucun résultat utile; nous estimons qu'on devrait l'éliminer de la loi. Il serait plus rationnel de dire :

Tout étranger pourra prendre en France un brevet d'invention, si la nation à laquelle il appartient admet les Français à prendre chez elle des brevets d'invention.

Art. 29. Tout étranger qui aura obtenu, dans son pays, un brevet pour une découverte ou invention susceptible d'être brevetée, aux termes des art. 1 et 2, pourra obtenir, en France, un brevet pour la même découverte ou invention, si la réciprocité est accordée aux Français par les lois de la nation à laquelle il appartient.

La durée du brevet, dans le cas prévu ci-dessus, ne pourra ni excéder celle du brevet étranger, ni s'étendre au-delà du maximum de quinze années.

La taxe à payer pour le demandeur sera fixée à raison de 100 fr. pour chaque année.

Le demandeur devra joindre à sa demande, outre les pièces énoncées dans l'art. 5, une expédition authentique de son brevet étranger.

Pour accorder à un étranger un brevet d'introduction en France pour une invention qu'il a déjà fait breveter en son pays, on exige que la réciprocité soit accordée aux Français dans le pays auquel appartient ledit étranger.

Qu'entend-on par cette réciprocité? Veut-on dire que ce ne sera qu'autant que l'inventeur breveté en France serait apte, par préférence à tous autres, à prendre lui-même un brevet en ce pays? Mais ce cas n'a jamais pu se présenter depuis la promulgation de notre code industriel; car les lois de 1791 portent interdiction formelle au breveté français de prendre, postérieurement, un brevet dans un autre pays.

« Tout inventeur qui, après avoir obtenu une patente
« en France, sera convaincu d'en avoir pris une pour le
« même objet en pays étranger, sera déchu de sa pa-
« tente. » (Loi du 7 janvier 1791, art. 16, § 5.)

Veut-on dire que ce ne serait qu'autant que les Français seraient aptes à prendre des brevets dans ces pays? alors la rédaction que nous avons proposée pour l'art. 28 serait suffisante.

La taxe devra-t-elle être payée annuellement, comme le troisième alinéa paraîtrait l'indiquer, ou bien devra-t-elle être payée comptant, et se composer d'autant de sommes de cent francs que la concession comprendrait d'années? Si toute la somme doit être payée à la fois, la rédaction devrait l'exprimer d'une manière formelle. Et, dans ce cas, on ne conçoit pas pourquoi l'on n'accorderait pas aux étrangers venant doter la France d'inventions nouvelles la même facilité qu'aux nationaux, en leur permettant d'obtenir des brevets provisoires pour deux ans d'abord, sauf à les prolonger conformément à l'art. 13.

Qu'entend-on faire de l'expédition authentique du brevet étranger? A quoi cette pièce pourra-t-elle servir? Quelle est, à cet égard, la pensée du législateur? Il est assez difficile de s'en rendre compte.

Veut-il s'assurer de la conformité de la description déposée en France avec celle déposée à l'appui du brevet étranger? Mais il est de notoriété publique que, chez un grand nombre de nations, le titre de concession ne contient pas la description du procédé. C'est ainsi que ce titre est délivré en Angleterre, en Écosse, en Irlande, en Autriche, et dans beaucoup d'autres pays.

Quel avantage, dès lors, retirera-t-on de la copie authentique du brevet étranger? Aucun évidemment. C'est une charge gratuitement imposée aux inventeurs de nation étrangère.

Art. 30. Les formalités et conditions déterminées par la présente loi seront applicables aux brevets demandés ou délivrés en exécution des deux articles qui précèdent.

Observations sur les articles 28, 29 et 80.

Le projet de loi de 1837 supprimait complétement les brevets d'importation.

« Art. 2. Il ne sera plus délivré de brevets d'importation. »

C'était, nous le croyons, une hérésie en industrie; mais, du moins, la question était nettement tranchée, et le législateur marchait franchement vers un but qu'il avouait.

Ici, on cherche à arriver au même but au moyen de détours, en accumulant les formalités, les conditions onéreuses sur l'inventeur étranger qui veut introduire une découverte en France. Ne sait-on pas que c'est une entreprise qui mériterait d'être encouragée, loin d'être frappée de réprobation; qu'il importe peu qu'un rocher aride soit fertilisé par des terres végétales tirées de France ou apportées de l'étranger; que le résultat est le même pour la masse des consommateurs; que les produits ainsi obtenus sont aussi utiles et contribuent tout autant au bien-être de tous, quelle que soit l'origine du sol qui les ait fait naître?

Ce qui est vrai en agriculture est encore plus constant en industrie. Voyez Calais, Boulogne, Saint-Quentin, Lille, peuplés d'une foule d'ouvriers exerçant une industrie inconnue il y a vingt-cinq ans, industrie importée d'Angleterre, et consistant dans la fabrication des tulles. Croit-on que cette industrie, aujourd'hui si grande, si répandue, ait été introduite en France par les inventeurs anglais? Elle l'a été par des mécaniciens qui, en venant exploiter le sol encore vierge de la France, l'ont enrichi d'une industrie qui la rendait tributaire de la Grande-Bretagne.

Loin de supprimer les brevets d'importation, il faudrait les créer s'ils n'existaient pas en France. Ce que tout le monde peut faire, personne ne le fait, parce que nul ne veut encourir les frais considérables nécessités par la création d'une industrie nouvelle, quand il sait qu'en cas de succès, son voisin viendra lui faire concurrence et profiter, sans bourse délier, du fruit de ses travaux.

Qu'on ne dise pas que le brevet d'importation est aujourd'hui le prix de la course, c'est la juste récompense que la loi offre aux personnes qui enrichissent la France en la dotant d'inventions nouvelles.

L'importation d'une découverte exige des travaux préliminaires qui méritent l'encouragement d'un gouvernement éclairé. Ce serait une erreur de croire qu'il suffise de se procurer les plans et la description d'une invention pour l'importer avec fruit. Les dessins les meilleurs et les descriptions les plus détaillées laissent toujours quelque chose à désirer, et, pour peu que la machine soit compliquée ou nouvelle, il est bien difficile, à l'aide de ces documents, de la construire du premier coup et sans essais préliminaires, et d'en faire usage aussi avantageusement que l'inventeur lui-même. Le législislateur est tellement convaincu de cette vérité, qu'il exige que dans les deux années le breveté exécute son invention, afin qu'à l'expiration du privilége, le public puisse en faire plus aisément usage, et soit initié dans tous les détails et les secrets d'une fabrication dont le succès dépend souvent de ce qu'on appelle *un tour de main.* Pour importer réellement une machine, il faut acquérir une connaissance pratique de son action et de ses produits, et, à cet effet, voyager dans le pays où elle a été inventée, y résider quelque temps pour obtenir les renseignements indispensables; tromper la jalousie des fabricants qui craignent de voir transporter en pays étrangers une machine qui leur assure de grands bénéfices; pénétrer, souvent avec danger et toujours à grand frais, dans les différentes manufactures où elle est employée; la voir marcher; l'étudier dans ses résultats et dans les différentes phases de la fabrication, et, par des essais et des études, parvenir aux moyens de l'établir et de l'employer avec avantage. Toutes ces démarches, tous ces soins exigent une grande dépense de temps et d'argent que l'importateur doit encourir, avant de pouvoir transporter, avec succès, une invention d'un pays dans un autre.

Veut-on une preuve de l'avantage qu'offrent les brevets d'importation, qu'on regarde l'Angleterre, cette terre classique de l'industrie. Elle n'est arrivée à ce haut point de puissance industrielle que parce qu'elle a toujours protégé les inventeurs, quels qu'ils fussent, en accordant des priviléges à tous ceux qui lui apportaient des mécanismes, des procédés et des produits nouveaux pour elle, quelque connus qu'ils pussent être chez les autres peuples. Aussi, malgré le haut prix des patentes anglaises, toutes les inventions un peu importantes qui sont faites, soit dans l'ancien, soit dans le nouveau monde, sont brevetées en Angleterre. C'est ainsi que ce pays est enrichi et par les inventions de ses habitants et par celles qui affluent de toutes parts. Et on voudrait fermer tout accès en France, aux découvertes faites à l'étranger, quand elles ne sont pas apportées par les inventeurs eux-mêmes; tandis que l'intérêt bien réel du gouvernement français consisterait à les appeler par tous les encouragements possibles, puisque les conquêtes en industrie sont l'âme et la vie du commerce !

TITRE IV.

DES NULLITÉS ET DÉCHÉANCES, ET DES ACTIONS Y RELATIVES.

SECTION I.

Des nullités et déchéances.

Art. 31. Seront nuls et de nul effet les brevets délivrés dans les cas suivants, savoir :

1° Si la découverte, invention ou application n'est pas nouvelle;

2° Si la découverte, invention ou application n'est pas, aux termes de l'art. 5, susceptible d'être brevetée;

3° Si la découverte, invention ou application est reconnue contraire à l'ordre ou à la sûreté publique, aux bonnes mœurs ou aux lois du royaume, sans préjudice des peines qui pourraient être encourues pour la fabrication ou le débit d'objets prohibés;

4° Si la description jointe au brevet n'est pas suffisante pour l'exécution de l'invention, ou si elle n'indique pas d'une manière complète et loyale les véritables moyens de l'inventeur;

5° Si le brevet a été obtenu contrairement aux dispositions de l'art. 17.

Le cinquième alinéa nous paraît devoir être supprimé par les raisons données relativement à l'art. 17.

Art. 32. Ne sera pas réputée nouvelle toute découverte, invention ou application qui, en France ou à l'étranger, et antérieurement à la date du dépôt de la demande, aura reçu, soit par la voie de l'impression, soit de tout autre manière, une publicité suffisante pour pouvoir être exécutée.

Les termes de cet article semblent impliquer qu'on pourra établir, même par témoins, la vulgarité de l'invention, et provoquer de cette manière la nullité du brevet. C'est un changement radical fait à la législation et à la jurisprudence; il en résultera que la preuve testimoniale qui ne peut pas, d'après nos lois, servir à la constatation d'une dette excédant cent cinquante francs, sera suffisante pour renverser un privilège à l'exploitation duquel des inventeurs auront consacré toute leur fortune. Qui ne comprend quelles armes on donne à la mauvaise foi, quelle prime on offre aux faux serments, en admettant ce genre de preuves, que la sagesse de la législation de 1701 et l'interprétation éclairée de la Cour de cassation avaient constamment rejeté en matière de déchéance de brevets.

Art. 33. Sera déchu de tous ses droits :

1° Le breveté qui n'aura pas mis en exploitation sa découverte ou invention, en France, dans le délai déterminé par l'art. 20, ou qui aura cessé de l'exploiter pendant plus d'une année;

2° Le breveté qui aura introduit en France des objets fabriqués en pays étranger et semblables à ceux qui sont garantis par son brevet.

SECTION II.

Des actions en nullité et en déchéance.

Art. 54. L'action en nullité et l'action en dé-chéance pourront être exercées par toute per-sonne y ayant intérêt.

Ces actions, ainsi que toutes contestations re-latives à la propriété des brevets, seront portées devant les tribunaux civils de première instance.

L'article exige que la personne *ait intérêt* pour pou-voir poursuivre la déchéance ou la nullité; il nous semble que cette addition est une superfétation, que bien plus, elle est contraire à l'esprit de la matière. Comment! on aura subrepticement acquis un privilége sur une chose qui était du domaine de tous, et il faudra justifier d'un intérêt pour faire cesser une injuste usurpation, et faire rentrer au domaine public ce qui n'en aurait jamais dû sortir! Comme si cet intérêt n'existait pas d'une manière trop claire, trop évidente pour exiger aucune preuve! Les mots *y ayant intérêt* nous paraissent devoir être retranchés.

Art. 55. Si la demande est dirigée contre un ou plusieurs cessionnaires partiels et contre le titulaire du brevet, elle sera portée devant le tribunal du domicile de ce dernier.

Art. 56. L'affaire sera instruite et jugée dans la forme prescrite, pour les matières sommaires, par les art. 405 et suivants du Code de procédure civile. Elle sera communiquée au procureur du roi.

Art. 57. Dans tous les cas où un jugement ou arrêt prononçant la nullité ou la déchéance d'un brevet aura acquis force de chose jugée, et dans le cas prévu au n° 5 de l'art. 54, le ministère public pourra se pourvoir pour faire prononcer la nullité ou la déchéance absolue du brevet.

Art. 58. Dans toute instance introduite en exécution de l'article qui précède, le ministère public devra mettre en cause tous les ayant-droits au brevet dont les titres auront été enregistrés au ministère de l'agriculture et du commerce conformément à l'art. 22.

C'est méconnaître toutes les notions admises en matière de brevets que de faire intervenir, comme partie principale, le procureur du roi dans une contestation entre particuliers. Toutes les fois que l'art. 51 ne pourra pas recevoir son application, toutes les fois que la sûreté publique ne sera pas menacée ou compromise, le procureur du roi ne devra apparaître dans un litige pour cause de brevets que pour donner ses conclusions, et non pour faire des réquisitions à fins civiles.

Et puis pourquoi appeler tous les cessionnaires à plaider hors de leur domicile? pourquoi les exposer à des frais de procès, quand il suffirait de leur donner le droit d'intervenir dans l'instance? Comment! un breveté parisien aura fait *soixante cessions* dans les départements, comme cela s'est déjà vu, et les soixante cessionnaires seront forcés de venir plaider à Paris, ou de subir les frais de défauts, de significations, de réassignations, quand il devrait en toute justice leur être permis d'échapper à ces frais en laissant agiter le procès sans y prendre part?

Et ne voyez-vous pas que la crainte de ces procès détournera beaucoup de personnes de traiter avec un breveté pour la jouissance de son invention?

N'êtes-vous pas convaincu que tout contrat de cession contiendra une stipulation expresse pour mettre les frais qui pourront être ainsi encourus, à la charge du breveté?

Et jugez si, avec ces chances contre lui, le breveté osera attaquer le contrefacteur qui le menacera de poursuivre la déchéance, et de l'entraîner lui et ses cessionnaires dans un labyrinthe de procédures?

Évidemment les articles 37 et 38 seraient funestes à l'esprit d'invention, détourneraient les inventeurs de prendre des brevets, et donneraient naissance à d'immenses frais de procédure. Nous estimons que l'art. 38 devrait être supprimé, et l'art. 37 réduit à ce qui suit :

Dans le cas prévu au n° 3 de l'article 31, le ministère public pourra se pourvoir pour faire prononcer la nullité ou la déchéance du brevet.

Nous avons supprimé le mot *absolue*, se référant à la nullité ou à la déchéance du brevet, parce que le procureur du roi agissant au nom de la nation entière, la déchéance prononcée vis-à-vis de lui est nécessairement une déchéance absolue.

Art. 59. Lorsque la nullité ou la déchéance absolue d'un brevet aura été prononcé par jugement ou arrêt ayant acquis force de chose jugée, il en sera donné avis au ministre de l'agriculture et du commerce, et la nullité ou la déchéance sera publiée dans la forme déterminée par l'art. 14 pour la proclamation des brevets.

TITRE V.

DE LA CONTREFAÇON ET DES PEINES.

Art. 40. Toute atteinte portée aux droits du breveté, soit par la fabrication de produits, soit par l'emploi des moyens faisant l'objet de son brevet, constitue le délit de contrefaçon.

Quiconque se sera rendu coupable de ce délit sera puni d'une amende de 100 fr. à 2,000 fr.

Art. 41. Ceux qui auront sciemment vendu ou exposé en vente, ou introduit sur le territoire français, un ou plusieurs objets contrefaits, seront punis d'une amende de 25 fr. à 500 fr.

Art. 42. Dans le cas de récidive, il sera prononcé, outre l'amende portée aux deux articles précédents, un emprisonnement d'un mois à six mois, dans le cas prévu par l'art. 40, et de huit jours à deux mois, dans le cas prévu par l'art. 41.

Il y a récidive, lorsqu'il a été rendu contre le prévenu, dans les cinq années antérieures, une première condamnation pour un des délits prévus par la présente loi.

Est-ce bien là le caractère de la récidive ? Nous croyons

que non : dans la contrefacon, l'erreur même involontaire peut être punie; mais pour la récidive, il faut de plus qu'il y ait eu dessin arrété de porter atteinte aux droits du brevet ; cette circonstance ne résulterait pas nécessairement d'une condamnation antérieure si elle ne se rapportait pas à la même invention. Il nous semble que la définition de la récidive est erronée, et que l'article devrait être ainsi rédigé :

« Il y a récidive lorsqu'il a été rendu contre le pré-
« venu, dans les cinq années antérieures, une première
« condamnation pour atteinte portée aux droits du
« même brevet. »

Art. 43. L'art. 463 du Code pénal pourra être appliqué aux délits prévus par les dispositions qui précèdent.

Art. 44. L'action correctionnelle pour l'application des peines ci-dessus ne pourra être exercée par le ministère public que sur la plainte de la partie lésée.

Art. 45. Si le prévenu fait valoir pour sa défense les moyens de nullité ou de déchéance, ou soulève des questions relatives à la propriété du brevet, le tribunal surseoira à statuer et le renverra à se pourvoir, sans préliminaire de conciliation, devant le tribunal civil compétent, dans un délai qui sera déterminé par le jugement.

La loi ne stipule rien relativement aux exceptions opposées à la poursuite en contrefaçon. D'après l'exposé des motifs de la loi de 1838, elles devaient être portées devant le tribunal civil; mais d'après la jurisprudence aujourd'hui constante des cours royales et de la cour de cassation, le poursuivi en contrefaçon est admis à prouver devant le tribunal de police correctionnelle qu'il a employé l'invention antérieurement au brevet, c'est ce qu'on appelle la *preuve des faits personnels ;* ou que d'autres l'ont employée pareillement avant le brevet, c'est ce qu'on appelle les faits impersonnels. Si ces preuves ou l'une d'elles est faite, le poursuivi en contrefaçon est renvoyé de la plainte.

L'art. 45 vient-il proscrire cette jurisprudence et renvoyer le jugement des exceptions de nullité devant le tribunal civil? Si telle est l'intention du législateur, il devrait l'énoncer d'une manière plus formelle.

Art. 46. Les propriétaires de brevet pourront, en vertu d'une ordonnance du président du tribunal de première instance, faire procéder par tous huissiers à la désignation et description détaillée, avec ou sans saisie, des objets prétendus contrefaits.

L'ordonnance sera rendue sur simple requête et sur la représentation du brevet.

Lorsqu'il y aura lieu à la saisie, ladite ordonnance pourra imposer au requérant un cautionnement qu'il sera tenu de consigner avant d'y faire procéder.

Il sera laissé copie au détenteur des objets décrits ou saisis, tant de l'ordonnance que de l'acte constatant le dépôt du cautionnement, le cas échéant; le tout à peine de nullité et de dommages-intérêts contre l'huissier.

Art. 47. A défaut par le requérant de s'être pourvu, soit par la voie civile, soit par la voie correctionnelle, dans le délai de huitaine, outre un jour par trois myriamètres de distance entre le lieu où se trouvent les objets saisis ou décrits ou le domicile du contrefacteur, introducteur ou débitant, la saisie ou description sera nulle de plein droit, sans préjudice de tous dommages-intérêts.

On se demande comment l'individu qui a requis la saisie pourra se pourvoir par voie civile ? La connaissance du délit de contrefaçon est attribuée au tribunal de police correctionnelle par la loi de 1838; l'affaire est donc nécessairement correctionnelle. Ces mots, *par voie civile*, ont-ils un sens réel? ou se sont-ils glissés par inadvertance dans cet article?

Je crois que la pensée du rédacteur a été la suivante. Le breveté qui aura été contrefait pourra poursuivre la répression du délit par voie de plainte déposée entre les mains du procureur du roi; alors les pénalités prononcées par les articles 40 à 44 pourront être appliquées sur la réquisition du ministère public.

Ou bien il pourra procéder par assignation directe et à fins civiles; alors on statuera seulement sur le fait de la contrefaçon et les dommages-intérêts réclamés.

L'article devrait alors être rédigé ainsi :

A défaut par le requérant de s'être pourvu, soit par assignation directe à fins civiles, soit par voie de plainte dans le délai de huitaine, etc.

Art. 48. La confiscation des objets reconnus contrefaits et, le cas échéant, celle des instruments ou ustensils destinés spécialement à leur fabrication, seront prononcées contre le contre-facteur, l'introducteur ou le débitant.

Les objets confisqués seront remis au propriétaire du brevet, sans préjudice de plus amples dommages-intérêts, s'il y a lieu.

Le projet de loi devrait contenir quelques stipulations en faveur des brevets demandés pour cinq et dix ans avant la promulgation de la présente loi.

Il paraîtrait juste d'accorder aux porteurs de ces titres la facilité d'en prolonger la durée en payant le complément de la taxe suivant le terme qu'ils auraient choisi. Cette disposition, qui nous semble réclamée impérieusement par l'esprit d'impartialité qui doit animer tout législateur, prendrait place après l'art. 48 et pourrait être formulée comme suit :

DISPOSITIONS TRANSITOIRES.

Art. 48 bis. *Les brevets qui jusqu'à l'époque où la présente loi deviendra exécutoire auraient été sollicités ou accordés pour cinq ou dix années, pourront être, sur la demande des parties, prolongés en conformité avec l'art. 13, en payant la totalité de la taxe portée en l'art. 4.*

Art. 48 ter. *Tous les brevets délivrés avant l'époque où la présente loi deviendra exécutoire, et dont la soumission pour la seconde moitié de la taxe n'aura pas été acquittée à l'échéance stipulée, deviendront nuls et de nul effet par suite de ce défaut de paiement.*

La nécessité de cet article ou d'une disposition équivalente sera pleinement sentie si l'on considère que jusqu'à présent la taxe de chaque brevet était payée partie en argent comptant, partie en obligations à six mois de terme ; que l'art. 4 du titre 2 de la loi du 25 mai 1791 disposait que « si la soumission du breveté n'était pas « remplie au terme prescrit, le brevet qui lui aura été « délivré sera de nul effet : l'exercice de son droit de- « viendra libre, et il en sera donné avis à tous les dépar- « tements par le directoire des brevets d'invention. »

Ni cet article, ni aucune autre disposition n'indiquait l'autorité par laquelle la constatation du non-paiement devait être faite. Etait-ce par un acte du pouvoir admi-nistratif, était-ce par décision des tribunaux ? La question avait été plusieurs fois agitée et n'avait pas reçu de so-lution.

Toutefois l'administration avait cru trouver dans l'ar-ticle 4 de la loi du 25 mai 1791 un droit suffisant pour faire prononcer, par voie d'ordonnance royale, la dé-chéance des brevets dont le complément de la taxe n'a-vait pas été payé à l'échéance.

Elle n'exerçait pourtant ce droit qu'avec beaucoup de réserve, et seulement deux années après la concession des brevets dont la taxe n'avait pas été acquittée.

Aujourd'hui que l'art. 50 du nouveau projet abroge toutes les dispositions des lois antérieures relatives aux brevets, il anéantit l'art. 4 de la loi du 25 mai 1791 et supprime conséquemment la nullité stipulée dans cet ar-ticle, en cas de non-paiement de l'obligation souscrite. Les brevets qui se trouvent dans ce cas ne pourraient plus être annulés par ordonnance. Il faudrait recourir aux tribunaux et invoquer les articles du droit civil, si la nouvelle loi ne se prononçait pas d'une manière for-melle.

TITRE VI.

DISPOSITIONS PARTICULIÈRES.

Art. 49. Des ordonnances royales portant règlement d'administration publique arrêteront les dispositions nécessaires pour l'exécution de la présente loi, qui n'aura effet que six mois après sa promulgation.

Art. 50. Sont abrogés, à compter de la même époque, les lois des 7 janvier et 25 mai 1791, celle du 20 septembre 1792, l'arrêté du 17 vendémiaire an 7, l'arrêté du 5 vendémiaire an 9, les décrets des 25 novembre 1806 et 25 janvier 1807, et toutes dispositions antérieures relatives aux brevets d'invention, d'importation et de perfectionnement.

On ne se rend pas bien compte du sens que le rédacteur du projet a attaché au mot *antérieures*. A-t-il voulu parler des dispositions antérieures à celles qu'il a citées? Mais ces dispositions ont été virtuellement abrogées par les lois de 1791, et les arrêtés et décrets qui les ont suivies. A t'il voulu parler des dispositions législatives antérieures à la présente loi? Alors, pourquoi rappeler les diverses dates des lois, arrêtés et décrets? Pourquoi surtout omettre le décret du 15 août 1810, ainsi conçu:

« Voulant mettre en harmonie les art. 5 et 9 de la loi
« du 7 février 1791, dont l'un décide que l'importateur
« en France d'une découverte étrangère jouira des
« mêmes avantages que s'il en était l'auteur : et l'autre,
« que la durée de cette jouissance ne pourra s'étendre

« au-delà du terme fixé, dans l'étranger, à l'exercice du
« droit du premier inventeur ;

« Notre conseil d'État entendu, nous avons décrété et
décrétons ce qui suit :

« La durée des brevets d'importation sera la même
« que celle des brevets d'invention et de perfectionne-
« nement. Tout particulier qui aura le premier apporté
« en France une découverte étrangère est, en consé-
« quence, libre de prendre des brevets de cinq, de dix ou
« quinze ans, à son choix, en se conformant aux disposi-
« tions prescrites par les lois des 7 janvier et 25 mai 1791. »

Il est assez remarquable que ce décret ait été omis
dans l'énumération faite par l'article 50. Est-ce par ou
bli ? Est-ce à dessein ? On ne peut supposer que ce soit
par oubli, car dans la pratique, c'est en vertu de ce décret que l'administration délivre journellement des bre
vets d'importation de cinq, dix ou quinze ans, sans s'en-
quérir de la durée du brevet qui protége à l'étranger la
même invention, sans s'informer même du pays d'où
l'invention est introduite. D'un autre côté, il est assez
difficile de deviner le motif qui aurait déterminé le ré
dacteur du projet à garder le silence sur ce décret,
quand il rappelle dans l'art. 50 toutes les autres dispositions législatives.

Quoi qu'il en soit, il y a évidemment dans le projet de
loi une lacune ; en effet, que vont devenir les brevets accordés avant la promulgation de la loi nouvelle ? Elle
met au néant toutes les lois antérieures, et cependant
elle ne peut porter atteinte à des droits acquis : en vertu
de quel texte de loi ces brevets subsisteront-ils ? Ne pou-
vant s'appuyer sur des lois abrogées, il faut évidemment
qu'ils reposent sur une disposition spéciale insérée dans
la présente loi.

C'est ce que les rédacteurs du projet soumis aux délibérations des conseils généraux, en 1857, avaient bien senti, et qu'ils ont formulé dans les articles suivants, qui devraient trouver place dans la loi nouvelle.

Après avoir abrogé tous les arrêtés et décrets relatifs aux brevets d'invention, de perfectionnement et d'importation, dans l'art. 54, le projet de 1857 stipulait comme suit :

« Art. 35. Néanmoins, les brevets d'invention, de per-
« fectionnement et d'importation actuellement en exer-
« cice, délivrés conformément aux lois antérieures à la
« présente, ou prorogés par ordonnance royale, conser-
« veront leurs effets pendant tout le temps qui a été as-
« suré à leur durée.

« Art. 36. Les procédures commencées avant la pro-
« mulgation de la présente loi seront mises à fin confor-
« mément aux lois antérieures. »

Il fut fait sur le projet de loi qui précède un rapport très-lumineux par M. le marquis de Barthélemy ; une discussion animée s'engagea à la Chambre des pairs, et le projet, modifié comme suit, fut voté dans son ensemble, le 51 mars 1845 ; il fut porté à la Chambre des députés le 17 avril suivant, mais il ne fut pas même discuté.

TITRE I.

Art. 1. Toute nouvelle découverte ou invention dans tous les genres d'industrie, confère à son auteur, sous les conditions et pour le temps ci-après déterminés, le droit exclusif d'exploiter à son profit ladite découverte ou invention. Ce droit est constaté par des titres délivrés par le gouvernement sous le nom de brevets d'invention.

Art. 2. Sont susceptibles d'être brevetées :

L'invention de nouveaux produits industriels ;

L'invention de nouveaux moyens ou l'application nouvelle

des moyens connus pour l'obtention d'un résultat ou d'un produit industriel.

Art. 3. Ne sont pas susceptibles d'être brevetés :

1° Les compositions pharmaceutiques ou remèdes spécifiques; lesdits objets demeurant soumis aux lois et règlements spéciaux sur la matière et notamment au décret du 18 août 1810, relatif aux remèdes sectets;

2° Les principes, méthodes, systèmes et généralement toutes découvertes ou conceptions purement scientifiques ou théoriques, ainsi que les plans et combinaisons de crédit ou de finances.

Art. 4. La durée des brevets sera de cinq, dix ou quinze années.

Chaque brevet donnera lieu au paiement d'une taxe qui est fixée ainsi qu'il suit, savoir :

500 fr. pour un brevet de cinq ans.

1,000 fr. pour un brevet de dix ans.

1,500 fr. pour un brevet de quinze ans.

TITRE II.

Art. 5. Quiconque voudra obtenir un brevet d'invention devra déposer, sous cachet, au secrétariat de la préfecture soit de son département, soit de tout autre, en y élisant domicile :

1° Sa demande au ministre de l'Agriculture et du Commerce;

2° Une description de la découverte, invention ou application faisant l'objet du brevet demandé;

3° Les dessins ou échantillons qui seraient nécessaires pour l'intelligence de la description;

4° Un bordereau des pièces déposées.

Art. 6. La demande sera limitée à un seul objet; elle ne contiendra ni restriction, ni condition, ni réserve.

Elle indiquera un titre contenant la désignation sommaire et précise de l'objet de l'invention,

La description, sur papier au timbre de 1 fr. 50 c., devra être écrite en français, sans altérations ni surcharges; les mots rayés nuls comptés; les pages et les renvois paraphés. Elle ne devra contenir aucune dénomination de poids ou de mesures autre que celles qui sont portées au tableau annexé à la loi du 4 juillet 1837.

Les dessins seront tracés à l'encre et à l'échelle métrique.

Un duplicata de la description et des dessins sera joint à chaque demande.

Toutes les pièces seront signées par le demandeur ou son représentant, dont le pouvoir restera annexé à la demande.

Art. 7. Aucun dépôt ne sera reçu que sur la production d'un récépissé constatant le versement d'une somme de 200 fr. à valoir sur le montant de la taxe du brevet.

Un procès-verbal, dressé sans frais par le secrétaire général de la préfecture, et signé par le demandeur, constatera chaque dépôt, en énonçant le jour et l'heure de la remise des pièces.

Une expédition dudit procès-verbal sera remise au déposant, moyennant le remboursement des frais de timbre et d'enregistrement.

Art. 8. La durée des brevets courra du jour de leur signature par le ministre; néanmoins, les droits de priorité des brevetés et la faculté de faire tous actes conservatoires leur appartiendront à partir de la date du procès-verbal de dépôt ci-dessus mentionné.

Art. 9. Aussitôt après l'enregistrement des demandes, et dans les cinq jours de la date du dépôt, les préfets transmettront les pièces, sous le cachet de l'inventeur, au ministre de l'Agriculture et du Commerce, en y joignant le procès-verbal de dépôt, le récépissé constatant le versement de la taxe, et, s'il y a lieu, le pouvoir mentionné dans l'article 6.

Art. 10. A l'arrivée des pièces au ministère de l'Agriculture et du Commerce, il sera procédé à l'ouverture, à l'enregistrement des demandes et à l'expédition des brevets dans l'ordre de la réception desdites demandes.

Art. 11. Les brevets dont la demande aura été régulièrement formée seront délivrés sans examen préalable, aux risques et périls des demandeurs, et sans garantie soit de la réalité, de la nouveauté ou du mérite de l'invention, soit de la fidélité ou de l'exactitude de la description.

Un arrêté du ministre constatant la régularité de la demande sera délivré au demandeur et constituera le brevet d'invention.

A cet arrêté sera joint le duplicata certifié de la description et des dessins mentionné dans l'art. 6, après que la conformité avec l'expédition originale en aura été reconnue et établie au besoin.

La première expédition des brevets sera délivrée sans frais. Toute expédition ultérieure, demandée par le breveté ou ses ayants-cause, donnera lieu au paiement d'une taxe de 50 fr.

Les frais de dessin, s'il y a lieu, demeureront à la charge de l'impétrant.

Art. 12. Toute demande dans laquelle n'auraient pas été observées les formalités prescrites par les n°ˢ 2 et 3 de l'art. 5, et par les paragraphes 1, 2 et 6 de l'art. 6, sera considérée comme nulle. La somme versée restera acquise au trésor; mais il en sera tenu compte au demandeur, s'il reproduit sa demande dans un délai de trois mois, à compter de la date de la notification du rejet de sa requête.

Art. 13. Lorsque, par application de l'art. 3, il n'y aura pas lieu à délivrer un brevet, la taxe sera restituée.

Art. 14. Après la délivrance du brevet, et dans les deux années qui suivront sa date, les brevetés déclareront au secrétariat de la préfecture qui aura reçu le dépôt la durée qu'ils entendent assigner à leur brevet, dans les limites fixées par l'art. 4.

Cette déclaration devra être accompagnée d'un récépissé constatant le paiement du complément de la taxe du brevet, et elle sera constatée par un procès-verbal, qui sera dressé et délivré ainsi qu'il a été dit pour le procès-verbal de dépôt.

Les brevets à l'égard desquels cette formalité n'aura pas été remplie avant l'expiration du délai ci-dessus, seront de nul effet pour l'avenir, et l'invention qui en était l'objet sera acquise au domaine public.

Art. 15. Une ordonnance royale, insérée au Bulletin des lois, proclamera, tous les trois mois, les brevets provisoirement accordés, ainsi que ceux dont la durée aura été déterminée par la déclaration indiquée à l'article précédent. Un extrait de cette ordonnance sera délivré à chaque breveté, en ce qui le concerne.

Art. 16. La durée des brevets définitifs ne pourra être prolongée que par une loi.

Art. 17. Le breveté ou les ayants-droit au brevet agissant ensemble, ou l'un d'eux agissant séparément au profit de tous, auront, pendant toute la durée du brevet, le droit d'apporter à l'invention des changements, perfectionnements ou additions, en remplissant, pour le dépôt de la demande, les formalités déterminées par les art. 5, 6 et 7.

Ces changements, perfectionnements ou additions, seront constatés par des certificats délivrés dans la même forme que le brevet principal, et qui produiront, à partir des dates respectives des demandes et de leur expédition, les mêmes effets que ledit brevet principal, avec lequel ils prendront fin.

Chaque demande de certificat d'addition donnera lieu au paiement d'une taxe de 20 fr.

Art. 18. Nul autre que le breveté ou ses ayants-droit, agissant comme il est dit ci-dessus, ne pourra, pendant la durée du brevet provisoire, obteni valablement un brevet pour un changement, perfectionnement ou addition à l'objet du brevet primitif.

Art. 19. Tout breveté qui, pour un changement, perfectionnement ou addition, voudra prendre un brevet principal de cinq, dix ou quinze années, au lieu d'un certificat d'addition expirant avec le brevet primitif, devra remplir les formalités prescrites par les art. 5, 6 et 7, et acquitter la taxe mentionnée dans l'art. 4, suivant la durée qu'il assignera audit brevet.

Art. 20. Quiconque aura obtenu un brevet pour une découverte, invention ou application se rattachant à l'objet d'un autre brevet, n'aura aucun droit d'exploiter l'invention déjà brevetée, et réciproquement le titulaire du brevet primitif ne pourra exploiter l'invention, objet du nouveau brevet.

Art. 21. Tout breveté pourra céder la totalité ou partie de la propriété de son brevet.

La cession totale ou partielle d'un brevet, soit à titre gratuit, soit à titre onéreux, ne pourra être faite que par acte notarié.

Aucune cession ne sera valable, à l'égard des tiers, qu'après avoir été enregistrée au secrétariat de la préfecture du département où chacune des parties a son domicile.

L'enregistrement des cessions et de tous autres actes emportant mutation sera fait sur la production et le dépôt d'un extrait authentique de l'acte de cession ou de mutation, et donnera lieu, pour chaque enregistrement, au paiement d'une taxe de 20 fr.

Une expédition de chaque procès-verbal d'enregistrement, accompagnée de l'extrait de l'acte ci-dessus mentionné, sera transmise, par les préfets, au ministre de l'Agriculture et du Commerce, dans les cinq jours de la date du procès-verbal.

Art. 22. Il sera tenu, au ministère de l'Agriculture et du Commerce, un registre sur lequel seront inscrites les mutations intervenues sur chaque brevet, et, tous les trois mois, une ordonnance royale proclamera, dans la forme déterminée par l'art. 15, les mutations enregistrées pendant le trimestre expiré.

Art. 23. Les cessionnaires d'un brevet, et ceux qui auront acquis d'un breveté ou de ses ayants-droit une licence pour l'exploitation de la découverte ou de l'invention, profiteront, de plein droit, des certificats d'addition qui leur seront ultérieurement délivrés. Ils pourront en lever une expédition au ministère de l'Agriculture et du Commerce, moyennant un droit de 20 fr.

Art. 24. Les descriptions, dessins, échantillons et modèles des brevets délivrés, resteront déposés au ministère de l'Agriculture et du Commerce, où ils seront communiqués, sans frais, à toute réquisition.

Il ne pourra être pris, pendant la durée du brevet provisoire aucun calque, croquis ou note sur ces pièces, échantillons ou modèles.

A l'expiration du brevet provisoire, toute personne pourra obtenir, à ses frais, copie desdites descriptions et dessins, suivant les formes qui seront déterminées dans le règlement rendu en exécution de l'art. 47.

Art. 25. Les descriptions et dessins des brevets devenus définitifs conformément à l'art. 14, ainsi que les descriptions et dessins des inventions tombées dans le domaine public, aux termes du même article, seront publiés soit textuellement, soit par extrait.

Il sera en outre publié, au commencement de chaque année, un catalogue contenant les titres des brevets délivrés dans le courant de l'année précédente.

Art. 26. Le recueil des descriptions et dessins et le catalogue publiés en exécution de l'art. précédent seront déposés au ministère de l'Agriculture et du Commerce, et au secrétariat de la préfecture de chaque département, où ils pourront être consultés sans frais.

TITRE III.

Art. 27. Les étrangers pourront obtenir en France des brevets d'invention.

Art. 28. Les formalités et conditions déterminées par la présente loi seront applicables aux brevets demandés ou délivrés en exécution de l'article précédent.

TITRE IV.

Art. 29. Seront nuls et de nul effet, les brevets délivrés dans les cas suivants, savoir :

1° Si la découverte, invention ou application n'est pas nouvelle ;

2° Si la découverte, invention ou application n'est pas, aux termes de l'art. 3, susceptible d'être brevetée ;

3° Si la découverte, invention ou application est reconnue contraire à l'ordre ou à la sûreté publique, aux bonnes mœurs ou aux lois du royaume, sans préjudice, dans ce cas et dans celui du paragraphe prédédent, des peines qui pourraient être encourues pour la fabrication ou le débit d'objets prohibés;

4° Si le titre sous lequel le brevet a été demandé est faux, ou indique frauduleusement un objet autre que le véritable objet de l'invention ;

5° Si la description jointe au brevet n'est pas suffisante pour l'exécution de l'invention, ou si elle n'indique pas, d'une manière complète et loyale, les véritables moyens de l'inventeur ;

6° Si le brevet a été obtenu contrairement aux dispositions de l'art. 18.

Seront également nuls, et de nul effet, les certificats comprenant des changements, perfectionnements ou additions qui ne se rattacheraient pas au brevet principal.

Art. 30. Ne sera pas réputée nouvelle, toute découverte, invention ou application, qui, en France ou à l'étranger, et antérieurement à la date du dépôt de la demande, aura reçu une publicité suffisante pour pouvoir être exécutée.

Art. 31. Sera déchu de tous ses droits :

1° Le breveté qui n'aura pas mis en exploitation sa découverte ou invention en France, dans le délai de deux ans, à dater du jour de la signature du brevet, ou qui aura cessé de l'exploiter pendant plus d'une année, à moins que, dans l'un ou l'autre cas, il ne justifie d'empêchement de force majeure ;

2° Le breveté qui aura introduit en France des objets fabriqués en pays étranger et semblables à ceux qui sont garantis par son brevet.

Art. 32. L'action en nullité et l'action en déchéance pourront être exercées par toute personne y ayant intérêt.

Ces actions, ainsi que toutes contestations relatives à la propriété des brevets, seront portées devant les tribunaux civils de première instance.

Art. 33. Si la demande est dirigée en même temps contre le titulaire du brevet et contre un ou plusieurs cessionnaires partiels, elle sera portée devant le tribunal du domicile du titulaire de brevet.

Art. 34. L'affaire sera instruite et jugée dans la forme prescrite pour les matières sommaires par les art. 405 et suivants du Code de procédure civile. Elle sera communiquée au procureur du roi.

Art. 35. Dans tous les cas où un jugement ou arrêt prononçant la nullité ou la déchéance du brevet aura acquis force de chose jugée, il en sera donné avis au garde des sceaux, ministre de la justice, qui pourra prescrire au ministère public de se pourvoir pour faire prononcer la nullité ou la déchéance absolue du brevet.

Dans les cas prévus aux nᵒˢ 2, 3 et 4 de l'art. 29, le ministère public pourra se pourvoir directement pour faire prononcer la nullité absolue du brevet.

Art. 36. Dans toute instance introduite en exécution de l'article qui précède, le ministère public devra mettre en cause tous les ayants-droit au brevet, dont les titres auront été enregistrés au ministère de l'Agriculture et du Commerce conformément à l'art. 22.

Atr. 37. Lorsque la nullité ou la déchéance absolue d'un brevet aura été prononcée par jugement ou arrêt ayant acquis force de chose jugée, il en sera donné avis au ministre de l'Agriculture et du Commerce, et la nullité ou la déchéance sera publiée dans la forme déterminée par l'art. 15 pour la proclamation des brevets.

TITRE V.

Art. 38. Toute atteinte portée aux droits du breveté, soit par la fabrication de produits, soit par l'emploi de moyens faisant l'objet de son brevet, constitue le délit de contrefaçon.

Ce délit sera puni d'une amende de 100 fr. à 2,000 fr.

Art. 39. Ceux qui auront sciemment recélé, vendu ou exposé en vente, ou introduit sur le territoire français un ou plusieurs objets contrefaits, seront punis d'une amende de 25 fr. à 500 fr.

Art. 40. Dans le cas de récidive, il sera prononcé, outre l'amende portée aux deux articles précédents, un emprisonnement d'un mois à six mois, dans le cas prévu par l'art. 38, et de huit jours à deux mois dans le cas prévu par l'art. 39.

Il y a récidive lorsqu'il a été rendu contre le prévenu, dans les cinq années antérieures, une première condamnation pour un des délits prévus par la présente loi.

Un emprisonnement d'un mois à six mois pourra être aussi prononcé, si le contrefacteur est un ouvrier ayant travaillé dans les ateliers du breveté, ou si le contrefacteur, s'étant associé avec un ouvrier du breveté, a eu connaissance, par ce dernier, des procédés décrits au brevet.

Dans ce dernier cas, l'ouvrier pourra être poursuivi comme complice.

Art. 41. L'art. 463 du Code pénal pourra être appliqué aux délits prévus par les dispositions qui précèdent.

Art. 42. L'action correctionnelle pour l'application des peines ci-dessus ne pourra être exercée par le ministère public que sur la plainte de la partie lésée.

Art. 43. Le tribunal correctionnel, saisi d'une action pour

délit de contrefaçon, statuera sur les exceptions qui seraient tirées par ce prévenu soit de la nullité ou de la déchéance du brevet, soit des questions relatives à la propriété dudit brevet.

Art. 44. Les propriétaires de brevets pourront, en vertu d'une ordonnance du président du tribunal de première instance, faire procéder, par tous huissiers, à la désignation et description détaillées, avec ou sans saisie, des objets prétendus contrefaits.

L'ordonnance sera rendue sur simple requête et sur la représentation du brevet; elle contiendra, s'il y a lieu, la nomination d'un expert pour aider l'huissier dans sa description.

Lorsqu'il y aura lieu à la saisie, ladite ordonnance pourra imposer au requérant un cautionnement qu'il sera tenu de consigner avant d'y faire procéder.

Il sera laissé copie au détenteur des objets décrits ou saisis, tant de l'ordonnance que de l'acte constatant le dépôt du cautionnement, le cas échéant; le tout à peine de nullité et de dommages-intérêts contre l'huissier.

Art. 45. A défaut par le requérant de s'être pourvu, soit par la voie civile, soit par la voie correctionnelle, dans le délai de huitaine, outre un jour par trois myriamètres de distance entre le lieu où se trouvent les objets saisis ou décrits et le domicile du contrefacteur, recéleur, introducteur ou débitant, la saisie ou description sera nulle de plein droit sans préjudice des dommages-intérêts qui pourront être réclamés, s'il y a lieu, dans la forme prescrite par l'art. 34.

Art. 46. La confiscation des objets reconnus contrefaits, et, le cas échéant, celle des instruments ou ustensiles destinés spécialement à leur fabrication, seront prononcées contre le contrefacteur, le recéleur, l'introducteur ou le débitant.

Les objets confisqués seront remis au propriétaire du brevet, sans préjudice de plus amples dommages-intérêts, et de l'affiche du jugement, s'il y a lieu.

TITRE VII

Art. 47. Des ordonnances royales, portant règlement d'administration publique, arrêteront les dispositions nécessaires pour l'exécution de la présente loi, qui n'aura effet que trois mois après sa promulgation.

Art. 48. Des ordonnances rendues dans la même forme pourront régler l'application de le présente loi dans les colonies, avec les modifications qui seront jugées nécessaires.

Art. 49. Seront abrogés, à compter du jour où la présente loi sera devenue exécutoire, les lois des 7 janvier et 25 mai 1791, celle du 20 septembre 1792, l'arrêté du 17 vendémiaire an VII, l'arrêté du 5 vendémiaire an IX, les décrets du 25 novembre 1806 et 25 janvier 1807, et toutes dispositions antérieures à la présente loi, relatives aux brevets d'invention, d'importation et de perfectionnement.

Art. 50. Les brevets d'invention, d'importation et de perfectionnement actuellement en exercice, délivrés conformément aux lois antérieures à la présente ou prorogés par ordonnance royale, conserveront leurs effets pendant tout le temps qui aura été assigné à leur durée.

Art. 51. Les procédures commencées avant la promulgation de la présente loi seront mises à fin conformément aux lois antérieures.

Toute action, soit en contrefaçon, soit en nullité ou déchéance de brevet, non encore intentée, sera suivie conformément aux dispositions de la présente loi, alors même qu'il s'agirait de brevets délivrés antérieurement.

En comparant la loi votée par la Chambre des pairs avec le projet primitif sur lequel nous avons publié nos observations, on reconnaît que la noble Chambre a accueilli un grand nombre de nos idées et a fait droit à plusieurs de nos réclamations.

1º Elle a déclaré non-brevetables les préparations pharmaceutiques, ainsi que nous l'avions demandé pages 7, 8, 9 et 10.

2° Elle a reconnu à l'inventeur le droit de faire sa demande de brevet dans une préfecture autre que celle de son département, à la charge seulement d'y élire domicile, comme nous en avions fait sentir la justice et la nécessité, pages 15 et 16.

3° Elle a rayé de l'article 6 le mot *entièrement*, comme nous l'avions demandé, page 17.

4° Elle a frappé de réprobation le droit exorbitant que l'on voulait créer au profit de l'administration par l'art. 8 du projet primitif, et elle a accueilli avec faveur les arguments que nous avions développés, pages 18, 19 et 20, dans l'intérêt des brevetés qui, autrement, auraient, été livrés, pieds et mains liés, à la merci de la bureaucratie.

5° Elle a fait courir les deux ans, pendant lesquels on peut prolonger le brevet, du jour de la signature du titre et non du jour du dépôt de la demande, ainsi que nous l'avions réclamé, page 23.

6° Elle a reconnu la convenance d'ajouter dans l'art. 16 les mots *que par une loi*, comme nous l'avions demandé, page 23.

7° Elle a proclamé que les brevets pour changements, perfectionnements ou additions auraient les mêmes effets que le brevet principal, ainsi que nous en avions exprimé le vœu, page 24.

8° Elle a déclaré, comme nous l'avions demandé, page 32, qu'à l'expiration du brevet provisoire, toute personne pourra obtenir, à ses frais, copie des descriptions et dessins.

9° Elle a effacé la condition de résidence que le projet primitif imposait aux étrangers désirant obtenir des brevets d'invention, comme nous l'avons demandé, page 32.

10° Elle a fait courir les deux ans pour exploiter le

brevet, du jour de la signature du titre et non du jour de la demande, aiusi que nous l'avions réclamé, page 27.

11° Elle a modifié l'art. 49, conformément à nos observations, page 49.

12° Elle a reconnu la nécessité de pourvoir, par une disposition transitoire, au maintien des droits acquis, et elle a inséré textuellement l'article que nous avions proposé, page 51.

13° Elle a pareillement honoré de sa sanction la disposition que nous avions soumise, page 54, relativement aux procédures commencées avant la date de la nouvelle loi.

Certes, il était difficile que du fond de son cabinet, un avocat, sans autre influence que celle de la raison et de la connaissance approfondie d'une matière à laquelle il s'est spécialement consacré, pût obtenir un succès plus réel et plus grand.

Une noble Chambre, la sagesse et l'élite de la nation, a accueilli nos demandes sur beaucoup de points; il y a là de quoi satisfaire l'amour-propre le plus exigeant et flatter l'orgueil le plus exagéré.

Pourquoi faut-il qu'aux remercîments que nous adressons à la Chambre des pairs pour les améliorations qu'elle a introduites, par voie d'amendements, dans la loi soumise à sa discussion, nous soyons forcé de mêler les regrets que nous éprouvons qu'elle ait passé légèrement sur des dispositions funestes que la loi contient encore ; dispositions fallacieuses, qui sèment les piéges sous les pas des industriels et frapperont de mort le plus grand nombre des brevets accordés jusqu'ici, ou à accorder ultérieurement !

Quelle différence entre la prison étroite où l'on veut étreindre aujourd'hui l'industriel et le vaste monument que lui avait légué l'Assemblée constituante !

Les articles contre lesquels l'industrie et le génie de l'invention s'élèvent avec une indignation réelle sont l'art. 18, que nous avons combattu sans succès, pages 24 et 25;

L'art. 30, qui est une entorse donnée à notre droit civil et que nous avions combattu, page 39.

Les art. 35 et 36, qui seront vexatoires pour les brevetés et les cessionnaires, et les exposeront gratuitement à des procès qu'en conscience on aurait dû leur permettre d'éviter : dispositions que nous avions combattues, pages 41 et 42.

Dans l'art. 40, la description de la récidive, qui nous semble irrationnelle et que nous avions combattue, pages 43 et 44.

Tels sont les défauts les plus saillants qui défigurent notre nouvelle loi, que les inventeurs trouvent mesquine et tracassière, tandis qu'elle devrait être protectrice et bienveillante.

Et cependant il y avait une belle tâche à remplir, il y avait un grand encouragement à donner aux inventeurs, ainsi que l'a bien compris M. Jobard de Bruxelles, si connu dans le monde industriel par ses nombreuses inventions et, surtout, par son admirable rapport sur notre Exposition de 1839, fait en qualité de commissaire envoyé spécialement par le gouvernement belge.

« Il y avait, dit ce publiciste célèbre, quelque chose de magnifique à faire, des principes féconds à poser, et d'immenses résultats à obtenir, tant pour la gloire que pour la fortune de la France. »

La loi des brevets pourrait être le point de départ de l'organisation du travail tant désirée, et la fin de cette anarchie ruineuse que l'on nomme concurrence, et qui n'est que la guerre civile organisée et légitimée.

Il fallait poser en principe :

1° Que le bureau des brevets n'est que l'état civil des inventions, où chacun est admis à faire enregistrer les enfants de son génie, pour leur donner une date certaine et rien de plus.

2° Qu'un brevet n'est ni un privilége, ni un encouragement, ni une récompense, mais un droit.

3° Qu'un brevet n'est qu'une patente prise pour l'exercice d'une profession ou industrie nouvelle; que le prix de cette patente doit se payer annuellement comme celui de toutes les autres patentes.

4° Que cette patente peut devenir la source la plus considérable du revenu public et la moins vexatoire des contributions, puisqu'elle serait tout à fait volontaire.

Nous allons démontrer, au grand étonnement du public, comment il se pourrait que des brevetés trouvassent quelquefois un avantage réel à payer au fisc jusqu'à cent mille francs par an.

Rien de plus simple et de plus probable cependant, que l'établissement d'une patente progressive indéfinie, qui serait accueillie avec reconnaissance par les inventeurs. Ainsi le breveté paierait

Pour la 1re année   25 francs.

2^e	»	50 »
3^e	»	75 »
4^e	»	100 »
5^e	»	150 »
6^e	»	200 »
7^e	»	250 »
8^e	»	300 »
9^e	»	350 »
10^e	»	400 »
11^e	»	450 »
12^e	»	500 »
13^e	»	550 »

| 14ᵉ | » | 600 | » |
| 16ᵉ | » | 700 | » |

Cette proportion aurait cela de bon qu'elle ne chargerait pas l'inventeur pendant les premières années, qui se perdent toujours en essais coûteux, et qu'elle permettrait au breveté d'abandonner son invention au domaine public, dès qu'elle cesserait d'être productive.

L'année où il finirait de payer sa patente serait celle de sa déchéance volontaire; rien de plus juste, et c'est ainsi que les choses se passent pour les patentes ordinaires.

Après les quinze ans révolus, le breveté pourrait conserver sa patente en payant un impôt progressif par 100 francs chaque année jusqu'à la vingtième, par 300 francs jusqu'à la trentième, par 500 francs jusqu'à la quarantième, en suivant même une progression plus forte; car le breveté ne paierait qu'autant qu'il trouverait de l'avantage à payer, et il en trouverait certainement, puisque sa clientèle irait en augmentant chaque année, de manière à devenir parfois aussi colossale que celle que beaucoup de maisons anglaises obtiennent à force de publicité; car on sait qu'il est certains commerçants qui ne font pas moins de 500 mille francs d'annonces par an, tels que Martin, Robert-Warren, Perry, le docteur Haidy, etc.

Le trésor public pourrait recevoir une bonne partie de cet argent, en assurant aux brevetés un monopole qui leur tiendrait lieu d'annonces, pour la création de leur clientèle.

L'appât d'un monopole quelconque est si tentant pour le commerce, que des capitaux considérables n'hésiteraient pas à se porter sur toutes les inventions nouvelles.

Cette assurance, que les œuvres du génie sont une propriété aussi sacrée que l'héritage, encouragerait tous les hommes de science, tous les esprits investigateurs à se lancer à la découverte de l'inconnu. Un immense progrès s'accomplirait chaque année; les inventeurs du monde entier se précipiteraient vers le pays qui accorderait la plus grande protection à leur propriété, et ce pays rendrait bientôt l'univers entier tributaire de son industrie, élevée à la plus haute puissance.

Voilà quelles devraient être les bases larges et généreuses de la nouvelle loi des brevets.

Quel malheur pourtant de ne pouvoir faire pénétrer de pareilles idées dans l'esprit des législateurs!

On se récriera peut-être sur les inconvénients du rétablissement des monopoles; mais ceux-ci n'auraient rien de commun avec les anciens, puisqu'ils seraient légitimes et ne porteraient que sur des objets nouveaux dont on s'est passé jusqu'ici et dont on se passerait encore si le breveté tenait ses prix trop élevés, ce dont il se garderait bien, attendu qu'il est toujours possible, non-seulement de se passer d'un objet nouveau, mais encore de le remplacer par d'autres que des inventeurs auraient bientôt trouvés.

Il n'y aurait même qu'un seul moyen pour les brevetés de conserver longtemps leur monopole, ce serait de restreindre leurs bénéfices à un taux assez bas pour que la concurrence dût désespérer d'y atteindre.

Dans le cas contraire, le gouvernement possède un moyen sûr de mettre fin à tout monopole exagéré ou nuisible : c'est la loi *d'expropriation pour cause d'utilité publique.*

La nécessité de réduire ses bénéfices à la plus minime fraction obligerait le breveté à établir son industrie sur les points les plus favorables; et d'ailleurs ne sait-on pas que les brevetés se hâtent de délivrer des licences pour chaque département, pour chaque ville, et qu'en un temps fort court le pays peut être couvert d'usines de la même espèce, ce qui doit suffire pour enlever toute crainte aux ennemis des monopoles et priviléges de tout genre.

Oui, nous en avons la plus profonde conviction, la ré-organisation du travail, le rétablissement de la confiance, la sécurité des travailleurs, la fin de l'anarchie indus-trielle ruineuse à laquelle nous assistons et l'émancipa-tion du génie national, ne sont possibles qu'aux condi-tions que nous venons d'indiquer. »

Nous n'avons pu résister au désir de citer cet article très-remarquable de M. Jobard. La question des chiffres peut être débattue, la progression modifiée, mais il y a certainement là une idée grande, neuve et digne d'être adoptée dans un siècle de lumières. Espérons que cette conviction passera dans l'esprit de nos législateurs, et, alors, nous obtiendrons une loi large, protectrice de l'in-dustrie et répondant entièrement aux besoins de l'époque.

Voilà ce que nous écrivions en 1843, et il suffira de la lecture de la loi ci-après pour prouver que notre espoir a été cruellement déçu.

NOUVELLE LOI

SUR LES BREVETS D'INVENTION.

Sanctionnée le 5 juillet 1844, promulguée le 6 du même mois,
exécutoire à partir du 8 octobre suivant.

TITRE PREMIER.

DISPOSITIONS GÉNÉRALES.

Art. 1er. Toute nouvelle découverte ou invention, dans tous les genres d'industrie, confère à son auteur, sous les conditions et pour le temps ci-après déterminés, le droit exclusif d'exploiter à son profit ladite découverte ou invention.

Ce droit est constaté par des titres délivrés par le Gouvernement, sous le nom de *brevets d'invention.*

Art. 2. Seront considérées comme inventions ou découvertes nouvelles,

L'invention de nouveaux produits industriels ;

L'invention de nouveaux moyens ou l'application nouvelle de moyens connus, pour l'obtention d'un résultat ou d'un produit industriel.

Art. 3. Ne sont pas susceptibles d'être brevetés,

1° Les compositions pharmaceutiques ou remèdes de toute espèce, lesdits objets demeurant soumis aux lois et règlements spéciaux sur la matière, et notamment au décret du 18 août 1810, relatif aux remèdes secrets ;

2° Les plans et combinaisons de crédit ou de finances.

Art. 4. La durée des brévets sera de cinq, dix ou
quinze années.

Chaque brévet donnera lieu au paiement d'une
taxe qui est fixée ainsi qu'il suit, savoir :

500 fr. pour un brevet de cinq ans ;

1000 fr. pour un brevet de dix ans ;

1,500 fr. pour un brevet de quinze ans.

Cette taxe sera payée par annuités de 100 francs,
sous peine de déchéance, si le breveté laisse écouler
un terme sans l'acquitter.

TITRE II.

FORMALITÉS RELATIVES A LA DÉLIVRANCE DES BREVETS.

SECTION I.

Demandes de brevets.

Art. 5. Quiconque voudra prendre un brevet d'invention devra déposer, sous cachet, au secrétariat
de la préfecture, dans le département où il est do-
micilié, ou dans tout autre département, en y élisant
domicile,

1° Sa demande au Ministre de l'agriculture et du
commerce ;

2° Une description de la découverte, invention ou
application faisant l'objet du brevet demandé ;

3° Les dessins ou échantillons qui seraient nécessaires pour l'intelligence de la description ;

Et 4° un bordereau des pièces déposées.

Art. 6. La demande sera limitée à un seul objet
principal, avec les objets de détail qui le constituent,
et les applications qui auront été indiquées.

Elle mentionnera la durée que les demandeurs entendent assigner à leur brevet dans les limites fixées par l'article 4, et ne contiendra ni restrictions, ni conditions, ni réserves.

Elle indiquera un titre renfermant la désignation sommaire et précise de l'objet de l'invention.

La description ne pourra être écrite en langue étrangère. Elle devra être sans altération ni surcharges. Les mots rayés comme nuls seront comptés et constatés, les pages et les renvois paraphés. Elle ne devra contenir aucune dénomination de poids ou de mesures, autres que celles qui sont portées au tableau annexé à la loi du 4 juillet 1837.

Les dessins seront tracés à l'encre et d'après une échelle métrique.

Un duplicata de la description et des dessins sera joint à la demande.

Toutes les pièces seront signées par le demandeur ou par un mandataire, dont le pouvoir restera annexé à la demande.

Art. 7. Aucun dépôt ne sera reçu que sur la production d'un récépissé constatant le versement d'une somme de 100 fr. à valoir sur le montant de la taxe du brevet.

Un procès-verbal, dressé sans frais par le secrétaire-général de la préfecture, sur un registre à ce destiné, et signé par le demandeur, constatera chaque dépôt, en énonçant le jour et l'heure de la remise des pièces.

Une expédition dudit procès-verbal sera remise au déposant, moyennant le remboursement des frais de timbre.

Art. 8. La durée du brevet courra du jour du dépôt prescrit par l'article 5.

SECTION II.

Délivrance des brevets.

Art. 9. Aussitôt après l'enregistrement des demandes, et dans les cinq jours de la date du dépôt, les préfets transmettront les pièces, sous le cachet de l'inventeur, au Ministre de l'agriculture et du commerce, en y joignant une copie certifiée du procès-verbal de dépôt, le récépissé constatant le versement de la taxe, et, s'il y a lieu, le pouvoir mentionné dans l'article 6.

Art. 10. A l'arrivée des pièces au ministère de l'agriculture et du commerce, il sera procédé à l'ouverture, à l'enregistrement des demandes et à l'expédition des brevets, dans l'ordre de la réception desdites demandes.

Art. 11. Les brevets dont la demande aura été régulièrement formée seront délivrés, sans examen préalable, aux risques et périls des demandeurs, et sans garantie, soit de la réalité, de la nouveauté ou du mérite de l'invention, soit de la fidélité ou de l'exactitude de la description.

Un arrêté du Ministre, constatant la régularité de la demande, sera délivré au demandeur et constituera le brevet d'invention.

A cet arrêté sera joint le duplicata certifié de la description et des dessins, mentionné dans l'article 6, après que la conformité avec l'expédition originale en aura été reconnue et établie au besoin.

La première expédition des brevets sera délivrée sans frais.

Toute expédition ultérieure, demandée par le breveté ou ses ayants cause, donnera lieu au paiement d'une taxe de 25 francs.

Les frais de dessin, s'il y a lieu, demeureront à la charge de l'impétrant,

Art. 12. Toute demande dans laquelle n'auraient pas été observées les formalités prescrites par les numéros 2° et 3° de l'article 5, et par l'article 6, sera rejetée. La moitié de la somme versée restera acquise au Trésor, mais il sera tenu compte de la totalité de cette somme au demandeur s'il reproduit sa demande dans un délai de trois mois, à compter de la date de la notification du rejet de sa requête.

Art. 13. Lorsque, par application de l'article 3, il n'y aura pas lieu à délivrer un brevet, la taxe sera restituée.

Art. 14. Une ordonnance royale, insérée au *Bulletin des lois*, proclamera, tous les trois mois, les brevets délivrés.

Art. 15. La durée des brevets ne pourra être prolongée que par une loi.

SECTION III.

Certificats d'addition.

Art. 16. Le breveté ou les ayants droit au brevet auront, pendant toute la durée du brevet, le droit d'apporter à l'invention des changements, perfectionnements ou additions, en remplissant, pour le dépôt de la demande, les formalités déterminées par les articles 5, 6 et 7.

Ces changements, perfectionnements ou additions, seront constatés par des certificats délivrés dans la même forme que le brevet principal, et qui produiront, à partir des dates respectives des demandes et de leur expédition, les mêmes effets que ledit brevet principal, avec lequel ils prendront fin.

Chaque demande de certificat d'addition donnera lieu au paiement d'une taxe de vingt francs.

Les certificats d'addition, pris par un des ayants droit, profiteront à tous les autres.

Art. 17. Tout breveté qui, pour un changement, perfectionnement ou addition, voudra prendre un brevet principal de cinq, dix ou quinze années, au lieu d'un certificat d'addition expirant avec le brevet primitif, devra remplir les formalités prescrites par les articles 5, 6 et 7, et acquitter la taxe mentionnée dans l'article 4.

Art. 18. Nul autre que le breveté ou ses ayants droit, agissant comme il est dit ci-dessus, ne pourra, pendant une année, prendre valablement un brevet pour un changement, perfectionnement ou addition à l'invention qui fait l'objet du brevet primitif.

Néanmoins, toute personne qui voudra prendre un brevet pour changement, addition ou perfectionnement à une découverte déjà brevetée, pourra, dans le cours de ladite année, former une demande qui sera transmise, et restera déposée sous cachet, au ministère de l'agriculture et du commerce.

L'année expirée, le cachet sera brisé et le brevet délivré.

Toutefois, le breveté principal aura la préférence pour les changements, perfectionnements et additions pour lesquels il aurait lui-même, pendant l'année, demandé un certificat d'addition ou un brevet.

Art. 19. Quiconque aura pris un brevet pour une découverte, invention ou application se rattachant à l'objet d'un autre brevet, n'aura aucun droit d'exploiter l'invention déjà brevetée, et réciproquement le titulaire du brevet primitif ne pourra exploiter l'invention, objet du nouveau brevet.

SECTION IV.

Transmission et cession des brevets.

Art. 20. Tout breveté pourra céder la totalité ou partie de son brevet.

La cession totale ou partielle d'un brevet, soit à titre gratuit, soit à titre onéreux, ne pourra être faite que par acte notarié, et après le paiement de la totalité de la taxe déterminée par l'article 4.

Aucune cession ne sera valable, à l'égard des tiers, qu'après avoir été enregistrée au secrétariat de la préfecture du département dans lequel l'acte aura été passé.

L'enregistrement des cessions et de tous autres actes emportant mutation sera fait sur la production et le dépôt d'un extrait authentique de l'acte de cession ou de mutation.

Une expédition de chaque procès-verbal d'enregistrement, accompagnée de l'extrait de l'acte ci-dessus mentionné, sera transmise, par les préfets, au Ministre de l'agriculture et du commerce, dans les cinq jours de la date du procès-verbal.

Art. 21. Il sera tenu, au ministère de l'agriculture et du commerce, un registre sur lequel seront inscrites les mutations intervenues sur chaque brevet, et, tous les trois mois, une ordonnance royale proclamera, dans la forme déterminée par l'article 14, les mutations enregistrées pendant le trimestre expiré.

Art. 22. Les cessionnaires d'un brevet et ceux qui auront acquis d'un breveté ou de ses ayants droit la faculté d'exploiter la découverte ou l'invention, profiteront, de plein droit, des certificats d'addition qui seront ultérieurement délivrés au breveté ou à ses ayants droit. Réciproquement, le breveté ou ses ayants droit profiteront des certificats d'addition qui seront ultérieurement délivrés aux cessionnaires.

Tous ceux qui auront droit de profiter des certificats d'addition pourront en lever une expédition au ministère de l'agriculture et du commerce, moyennant un droit de 20 francs.

SECTION V.

Communication et publication des descriptions et dessins de brevets.

Art. 23. Les descriptions, dessins, échantillons et modèles des brevets délivrés, resteront, jusqu'à l'expiration des brevets, déposés au ministère de l'agriculture et du commerce, où ils seront communiqués sans frais à toute réquisition.

Toute personne pourra obtenir, à ses frais, copie desdites descriptions et dessins, suivant les formes qui seront déterminées dans le règlement rendu en exécution de l'article 50.

Art. 24. Après le paiement de la deuxième annuité, les descriptions et dessins seront publiés, soit textuellement, soit par extrait.

Il sera en outre publié, au commencement de chaque année, un catalogue contenant les titres des brevets délivrés dans le courant de l'année précédente.

Art. 25. Le recueil des descriptions et dessins et le catalogue publiés en exécution de l'article précédent, seront déposés au ministère de l'agriculture et du commerce, et au secrétariat de la préfecture de chaque département, où ils pourront être consultés sans frais.

Art. 26. A l'expiration des brevets, les originaux des descriptions et dessins seront déposés au Conservatoire royal des arts et métiers.

TITRE III.

DROITS DES ÉTRANGERS.

Art. 27. Les étrangers pourront obtenir en France des brevets d'invention.

Art. 28. Les formalités et conditions déterminées par la présente loi seront applicables aux brevets demandés ou délivrés en exécution de l'article précédent.

Art. 29. L'auteur d'une invention ou découverte déjà brevetée à l'étranger pourra obtenir un brevet en France. Mais la durée de ce brevet ne pourra excéder celle des brevets antérieurement pris à l'étranger.

TITRE IV.

NULLITÉS, DÉCHÉANCES ET ACTIONS Y RELATIVES.

SECTION I.

Nullités et déchéances.

Art. 30. Seront nuls, et de nul effet, les brevets délivrés dans les cas suivants, savoir :

1° Si la découverte, invention ou application n'est pas nouvelle;

2° Si la découverte, invention ou application n'est pas, aux termes de l'article 3, susceptible d'être brevetée;

3° Si les brevets portent sur des principes, méthodes, systèmes, découvertes et conceptions théoriques dont on n'a pas indiqué les applications industrielles;

4° Si la découverte, invention ou application est reconnue contraire à l'ordre ou à la sûreté publique, aux bonnes mœurs ou aux lois du Royaume; sans préjudice, dans ce cas et dans celui du paragraphe précédent, des peines qui pourraient être encourues pour la fabrication ou le débit d'objets prohibés;

5° Si le titre sous lequel le brevet a été demandé indique frauduleusement un objet autre que le véritable objet de l'invention;

6° Si la description jointe au brevet n'est pas suffisante pour l'exécution de l'invention, ou si elle n'indique pas, d'une manière complète et loyale, les véritables moyens de l'inventeur;

7° Si le brevet a été obtenu contrairement aux dispositions de l'article 18.

Seront également nuls, et de nul effet, les certificats comprenant des changements, perfectionnements ou additions qui ne se rattacheraient pas au brevet principal.

Art. 31. Ne sera pas réputée nouvelle toute découverte, invention ou application qui, en France ou à l'étranger, et antérieurement à la date du dépôt de la demande, aura reçu une publicité suffisante pour pouvoir être exécutée.

Art. 32. Sera déchu de tous ses droits:

1° Le breveté qui n'aura pas acquitté son annuité avant le commencement de chacune des années de la durée de son brevet;

2° Le breveté qui n'aura pas mis en exploitation

sa découverte ou invention en France, dans le délai de deux ans, à dater du jour de la signature du brevet, ou qui aura cessé de l'exploiter pendant deux années consécutives, à moins que, dans l'un ou l'autre cas, il ne justifie des causes de son inaction;

3° Le breveté qui aura introduit en France des objets fabriqués en pays étranger et semblables à ceux qui sont garantis par son brevet.

Sont exceptés des dispositions du précédent paragraphe les modèles de machines dont le Ministre de l'agriculture et du commerce pourra autoriser l'introduction dans le cas prévu par l'article 29.

Art 33. Quiconque, dans des enseignes, annonces, prospectus, affiches, marques ou estampilles, prendra la qualité de breveté sans posséder un brevet délivré conformément aux lois, ou après l'expiration d'un brevet antérieur, ou qui, étant breveté, mentionnera sa qualité de breveté ou son brevet sans y ajouter ces mots, *sans garantie du Gouvernement*, sera puni d'une amende de cinquante francs à mille francs.

En cas de récidive, l'amende pourra être portée au double.

SECTION II.

Actions en nullité et en déchéance.

Art. 34. L'action en nullité et l'action en déchéance pourront être exercées par toute personne y ayant intérêt.

Ces actions, ainsi que toutes contestations relatives à la propriété des brevets, seront portées devant les tribunaux civils de première instance.

Art. 35. Si la demande est dirigée en même temps contre le titulaire du brevet et contre un ou plusieurs cessionnaires partiels, elle sera portée devant le tribunal du domicile du titulaire du brevet.

Art 36. L'affaire sera instruite et jugée dans la forme prescrite pour les matières sommaires, par les articles 405 et suivants du Code de procédure civile. Elle sera communiquée au procureur du Roi.

Art. 37. Dans toute instance tendant à faire prononcer la nullité ou la déchéance d'un brevet, le ministère public pourra se rendre partie intervenante et prendre des réquisitions pour faire prononcer la nullité ou la déchéance absolue du brevet.

Il pourra même se pourvoir directement par action principale pour faire prononcer la nullité, dans les cas prévus aux nos 2°, 4° et 5° de l'article 30.

Art. 38. Dans les cas prévus par l'art. 37, tous les ayants droit au brevet dont les titres auront été enregistrés au ministère de l'agriculture et du commerce, conformément à l'article 21, devront être mis en cause.

Art. 39. Lorsque la nullité ou la déchéance absolue d'un brevet aura été prononcée par jugement ou arrêt ayant acquis force de chose jugée, il en sera donné avis au Ministre de l'agriculture et du commerce, et la nullité ou la déchéance sera publiée dans la forme déterminée par l'article 14 pour la proclamation des brevets.

TITRE V.

CONTREFAÇON, POURSUITES ET PEINES.

Art. 40. Toute atteinte portée aux droits du breveté, soit par la fabrication de produits, soit par l'emploi de moyens faisant l'objet de son brevet, constitue le délit de contrefaçon.

Ce délit sera puni d'une amende de cent à deux mille francs.

Art. 41. Ceux qui auront sciemment recélé, vendu ou exposé en vente, ou introduit sur le territoire français, un ou plusieurs objets contrefaits, seront punis des mêmes peines que les contrefacteurs.

Art. 4. Les peines établies par la présen te loi ne pourront être cumulées.

La peine la plus forte sera seule prononcée pour tous les faits antérieurs au premier acte de poursuite.

Art. 43. Dans le cas de récidive, il sera prononcé, outre l'amende portée aux articles 40 et 41, un emprisonnement d'un mois à six mois.

Il y a récidive lorsqu'il a été rendu contre le prévenu, dans les cinq années antérieures, une première condamnation pour un des délits prévus par la présente loi.

Un emprisonnement d'un mois à six mois pourra aussi être prononcé, si le contrefacteur est un ouvrier ou un employé ayant travaillé dans les ateliers ou dans l'établissement du breveté, ou si le contrefacteur, s'étant associé avec un ouvrier ou un employé du breveté, a eu connaissance, par ce dernier, des procédés décrits au brevet.

Dans ce dernier cas, l'ouvrier ou l'employé pourra être poursuivi comme complice.

Art. 44. L'article 463 du Code pénal pourra être appliqué aux délits prévus par les dispositions qui précèdent.

Art. 45. L'action correctionnelle pour l'application des peines ci-dessus ne pourra être exercée par le ministère public que sur la plainte de la partie lésée.

Art. 46. Le tribunal correctionnel, saisi d'une action pour délit de contrefaçon, statuera sur les exceptions qui seraient tirées par le prévenu soit de la nullité ou de la déchéance du brevet, soit des questions relatives à la propriété dudit brevet.

Art. 47. Les propriétaires de brevet pourront, en vertu d'une ordonnance du président du tribunal de première instance, faire procéder, par tous huissiers, à la désignation et description détaillées, avec ou sans saisie, des objets prétendus contrefaits.

L'ordonnance sera rendue sur simple requête, et sur la représentation du brevet; elle contiendra, s'il y a lieu, la nomination d'un expert pour aider l'huissier dans sa description.

Lorsqu'il y aura lieu à la saisie, la dite ordonnance pourra imposer au requérant un cautionnement qu'il sera tenu de consigner avant d'y faire procéder.

Le cautionnement sera toujours imposé à l'étranger breveté qui requerra la saisie.

Il sera laissé copie au détenteur des objets décrits ou saisis, tant de l'ordonnance que de l'acte constatant le dépôt du cautionnement, le cas échéant; le tout, à peine de nullité et de dommages-intérêts contre l'huissier.

Art. 48. A défaut par le requérant de s'être pourvu, soit par la voie civile, soit par la voie correctionnelle, dans le délai de huitaine outre un jour par trois myriamètres de distance entre le lieu où se trouvent les objets saisis ou décrits et le domicile du contrefacteur, receleur, introducteur ou débitant, la saisie ou description sera nulle de plein droit, sans préjudice des dommages-intérêts qui pourront être réclamés, s'il y a lieu, dans la forme prescrite par l'article 56.

Art. 49. La confiscation des objets reconnus contrefaits, et, le cas échéant, celle des instruments ou ustensiles destinés spécialement à leur fabrication, seront, même en cas d'acquittement, prononcées contre le contrefacteur, le receleur, l'introducteur ou le débitant.

Les objets confisqués seront remis au propriétaire du brevet, sans préjudice de plus amples dommages-intérêts et de l'affiche du jugement, s'il y a lieu.

TITRE VI.

DISPOSITIONS PARTICULIÈRES ET TRANSITOIRES.

Art. 50. Des ordonnances royales, portant règlement d'administration publique, arrêteront les dispositions nécessaires pour l'exécution de la présente loi, qui n'aura effet que trois mois après sa promulgation.

Art. 51. Des ordonnances rendues dans la même forme pourront régler l'application de la présente loi dans les Colonies, avec les modifications qui seront jugées nécessaires.

Art. 52. Seront abrogées, à compter du jour où la présente loi sera devenue exécutoire, les lois des 7 janvier et 25 mai 1791, celle du 20 septembre 1792, l'arrêté du 17 vendémiaire an VII, l'arrêté du 5 vendémiaire an IX, les décrets des 25 novembre 1806 et 25 janvier 1807, et toutes dispositions antérieures à la présente loi, relatives aux brevets d'invention, d'importation et de perfectionnement.

Art. 53. Les brevets d'invention, d'importation et de perfectionnement actuellement en exercice, délivrés conformément aux lois antérieures à la présente, ou prorogés par ordonnance royale, conserveront leur effet pendant tout le temps qui aura été assigné à leur durée.

Art. 54. Les procédures commencées avant la promulgation de la présente loi seront mises à fin conformément aux lois antérieures.

Toute action, soit en contrefaçon, soit en nullité ou déchéance de brevet, non encore intentée, sera suivie conformément aux dispositions de la présente loi, alors même qu'il s'agirait de brevets délivrés antérieurement.

CIRCULAIRE

Adressée par M. le Ministre de l'Agriculture et du Commerce à MM. les Préfets, concernant la nouvelle loi française sur les Brevets d'invention.

Paris, le 1er octobre 1844.

Monsieur le Préfet, la loi du 5 juillet 1844, sur les Brevets d'invention, promulguée du 8 du même mois, est exécutoire le 9 octobre courant ; je viens (appeler votre attention sur les principales dispositions de cette loi, qui apporte de notables améliorations dans la position des inventeurs, et qui entraînera quelques changements dans la marche suivie par l'administration pour l'enregistrement et l'expédition des demandes de Brevets.

La loi nouvelle, comme les lois des 7 janvier et 25 mai 1791, a posé en principe que les Brevets d'invention ne peuvent s'appliquer qu'aux découvertes relatives aux arts industriels, et que ces titres doivent être expédiés sans examen préalable.

Sur le premier point, la loi du 5 juillet est encore plus explicite que les lois précédentes : aux termes de cette loi, l'invention de nouveaux produits industriels, l'invention de nouveaux moyens ou l'application nouvelle de moyens connus pour obtenir un résultat ou un produit industriel, peuvent seuls devenir l'objet d'un Brevet valable. Les principes, méthodes, systèmes, découvertes ou conceptions théoriques, ou purement scientifiques, ne sont pas susceptibles d'être brevetés valablement, à moins que l'inventeur n'ait donné à l'appui l'indication d'une application industrielle.

La législation actuelle a, d'ailleurs, reproduit l'exclusion qui avait été prononcée par la loi du 20 septembre 1792, contre les plans et combinaisons de crédit et de finances, et et elle y a ajouté celle des compositions pharmaceutiques et remèdes de toute espèce.

Mais ces dispositions restrictives n'ont pas, dans le vœu de la loi, la même portée, et elles ne peuvent avoir les mêmes conséquences dans l'application. Les unes appartiennent au régime préventif, et l'exécution en est confiée au gouvernement ; les autres, protégées par la sanction pénale d'une nullité absolue, ont été placées, pour leur observation, sous l'autorité répressive des tribunaux.

Cette distinction, qui résulte des termes exprès de la loi, votre Préfecture doit avoir soin, le cas échéant, de la faire bien comprendre aux demandeurs, en leur rappelant :

1° Qu'il ne peut être délivré de Brevets pour des compositions pharmaceutiques et remèdes de toute espèce, ou pour des plans et combinaisons de crédit et de finances ;

2° Que les Brevets qui seraient délivrés pour des principes, méthodes, systèmes, découvertes ou conceptions théoriques ou scientifiques, sans application industrielle, seraient nuls de plein droit.

Cette explication, bien comprise, portera toujours les inventeurs, je me plais à le croire, à renoncer à une demande qui ne pourrait jamais aboutir qu'à un titre entaché de nullité ; mais si, contre mon attente, il en était autrement, votre Préfecture ne devrait pas perdre de vue, à l'égard des Brevets demandés pour des principes sans application industrielle, que le gouvernement n'a pas le droit de les refuser, et doit, dès lors, borner son action à un avertissement officieux ; et, à l'égard des préparations pharmaceutiques ou de plans de finances, que la loi n'a attribué qu'au Ministre de l'agriculture et du commerce, et non aux Préfectures, le droit de refus du Brevet.

L'on doit donc, dans l'un comme dans l'autre cas, enregistrer les demandes, et remplir à leur égard les formalités prescrites par la loi. Ces formalités, déterminées par le titre II, sont les suivantes :

I. Exiger le récépissé constatant le versement de la somme de 100 fr. à valoir sur le paiement du montant de la taxe;

II. Faire déclarer le domicile réel ou élu de l'inventeur dans le département, et, si le demandeur n'est pas lui-même l'inventeur, réclamer le pouvoir écrit de ce dernier;

III. Recevoir le paquet cacheté contenant la demande au Ministre, la description de l'invention, les dessins ou échantillons nécessaires pour l'intelligence de la description, et le bordereau des pièces déposées;

IV. Dresser et faire signer par le demandeur le procès-verbal constatant le dépôt de la demande;

V. Remettre au demandeur une expédition du procès-verbal de dépôt, sans autres frais que le remboursement du prix du timbre;

VI. Enfin, expédier au Ministre de l'agriculture et du commerce, avec une lettre d'envoi et dans les cinq jours de la date du dépôt, le paquet cacheté remis par l'inventeur ou son représentant, et y joindre le récépissé de la taxe, la copie certifiée du procès-verbal de dépôt, et, s'il y a lieu, le pouvoir ci-dessus mentionné.

I. La durée des Brevets est fixée comme précédemment à cinq, dix ou quinze années, et le montant de la taxe à 500, 1,000 et 1,500 fr.; la somme à payer d'avance, qui, sous l'ancienne législation, était de la moitié du montant de la taxe, est réduite uniformément à 100 fr., dont la moitié reste acquise au trésor, si la demande vient à être rejetée par une des causes énumérées dans l'article 12 de la loi, et n'est pas reproduite dans le délai de trois mois, à compter de la notification de ce rejet.

II. L'élection de domicile a de l'importance, soit pour le paiement ultérieur des annuités de la taxe, soit pour les notifications éventuelles prévues par la loi dans le cas d'instance en nullité absolue du brevet.

La loi n'ayant pas déterminé la forme du pouvoir à exiger des représentants des inventeurs, le mandat sous seing privé peut être admis; mais, dans ce cas, la signature du mandant doit être légalisée.

III. Les demandes de brevets doivent être déposées cachetées pour n'être ouvertes qu'au ministère de l'agriculture et du commerce; les dessins ou modèles qui pourraient y être joints doivent rester également sous le cachet du demandeur.

La demande ou requête au ministère doit, à peine de nullité, satisfaire à chacune des conditions imposées par l'article 6 de la loi. Il est donc de la plus grande importance que les inventeurs soient bien prévenus de cette circonstance, et j'insiste expressément pour que, avant d'être admis à faire le dépôt de leurs pièces, ils soient invités à prendre connaissance de cet article. Je rappelle particulièrement, en outre, que la requête ne doit comprendre qu'une seule invention avec l'ensemble des détails accessoires qui la constituent ou la complètent, et avec l'indication de ses diverses applications ; qu'elle doit déterminer la durée (cinq, dix ou quinze ans) que l'inventeur entend assigner à son brevet, qu'elle ne peut contenir aucunes conditions, restrictions ou réserves, comme seraient l'invitation de tenir la description secrète, de ne pas délivrer le brevet avant un délai déterminé, la réserve d'en porter ultérieurement la durée de dix ou quinze années, etc.; qu'elle doit présenter un titre donnant la désignation sommaire et précise de l'objet de l'invention, en ne perdant pas de vue que toute indication mensongère qui tendrait à dissimuler le véritable objet de l'invention serait une cause de nullité du brevet; que la description doit être également, à peine de nullité, suffisante pour l'exécution de l'invention, et doit exposer d'une manière complète et loyale les véritables moyens de l'inventeur; enfin, qu'il doit être produit un duplicata collationné avec soin et exactement conforme au primata tant de la description que des dessins ou échantillons y annexés.

IV. Le procès-verbal constatant le dépôt doit être écrit sur un registre spécial ouvert à cet effet, dont les pages, cotées par première et dernière, auront été préalablement paraphées par vous-même. Tous les procès-verbaux y seront inscrits à la suite les uns des autres, sans blanc ni ratures; ils seront dressés en présence des personnes intéressées, porteront un numéro d'ordre et indiqueront le jour et l'heure de la remise des pièces.

V. Une expédition du procès-verbal sera remise au déposant, moyennant le remboursement du prix du timbre.

Le droit d'enregistrement de 12 fr., qui avait été établi par la loi du 25 mai 1791, a été supprimé.

VI. Ainsi que je viens de le rappeler, les demandes de brevets déposées dans les préfectures doivent m'être adressées immédiatement; la loi a même voulu que le délai entre le dépôt et la transmission au ministre n'excédât jamais cinq jours. L'observation de cette obligation est d'autant plus importante que, d'après la loi nouvelle, la durée du brevet court à partir du jour même du dépôt.

Telles sont, Monsieur le Préfet, les formalités à remplir, en vertu de la loi nouvelle, pour obtenir un brevet d'invention. L'accomplissement exact de ces formalités est essentiel, car la loi, par son article 12, a prononcé la nullité des demandes à l'égard desquelles ces formalités n'auraient pas été remplies : il importe donc que les demandeurs en soient bien avertis. Il importe également qu'ils ne perdent pas de vue que dorénavant, par suite de la disposition de la loi qui oblige l'inventeur à fournir sa description en double expédition, il ne s'écoulera qu'un intervalle de quelques jours à peine entre l'arrivée des demandes au ministère et l'expédition des brevets, et qu'ainsi les inventeurs ne se trouveront plus en mesure soit de demander à prolonger la durée d'un brevet, soit de renoncer à leur demande avant la délivrance du titre.

Les dispositions que je viens de rappeler s'appliquent indistinctement à tous les inventeurs, français ou étrangers; la loi ne fait aucune différence entre les uns et les autres, et il était digne de la France de donner ainsi l'exemple du respect pour le droit des inventeurs, sans distinction de nationalité. L'étranger qui, comme les Français, remplit les formalités imposées par la loi, doit donc être admis de la même manière à faire constater son droit.

Mais, si l'invention qui fait l'objet du brevet demandé a été déjà brevetée dans un pays étranger, le demandeur doit signaler ce fait dans sa demande au ministre, et indiquer, par une date précise, le terme de la durée du brevet étranger; en outre, il doit déclarer quel est, dans la limite de cette durée, le nombre d'années qu'il entend assigner au brevet à lui délivrer; et l'inventeur étranger ou français qui prend ainsi un brevet pour sa découverte, brevetée en pays étranger, ne doit pas oublier que la loi française ne répute pas nouvelle toute découverte, invention ou application qui, en France ou ailleurs, a reçu, antérieurement à la date du dépôt de la demande, une publicité suffisante pour être exécutée. Ces dispositions ont remplacé celles qui, sous la législation antérieure, réglaient ce qui était relatif aux brevets d'importation, désormais supprimés.

Les formalités relatives aux brevets destinés à constater des changements, améliorations ou perfectionnements, sont, aux termes des articles 16 et 17, les mêmes que celles que je viens d'indiquer. Un seul cas mérite explication : suivant l'art. 18, nul autre que le breveté ou ses ayants-droit ne peut, pendant une année, prendre valablement un brevet pour une addition, changement ou perfectionnement à une invention déjà brevetée; seulement la loi fournit à l'inventeur le moyen de prendre date pour sa découverte, en l'autorisant à déposer une demande de brevet qui ne doit être ouverte qu'après l'expiration de l'année de privilége accordée à l'inventeur primitif. Les demandes de cette nature sont reçues et enregistrées comme les autres demandes, mais le procès-verbal de dépôt devra indiquer spécialement l'invention à laquelle se rattache l'addition ou le perfectionnement qu'on veut faire breveter.

Ces premières instructions, Monsieur le Préfet, vous mettront en mesure d'arrêter les dispositions nécessaires pour l'exécution immédiate de la loi, et je vous adresse ci-joint un modèle du procès-verbal destiné à constater le dépôt des demandes des brevets d'invention. Ce procès-verbal a été calculé de manière à satisfaire aux différentes prévisions de la loi; et j'ai fait remplir, à cet effet, quatre exemplaires de ce modèle, des formules à suivre dans les quatre cas qui peuvent se présenter.

Je vous transmettrai successivement des instructions sur les autres parties de la loi, et notamment sur l'enregistrement des cessions de brevets et le paiement des annuités.

Recevez, Monsieur le Préfet, l'assurance de ma considéra-
tion la plus distinguée.

Le ministre secrétaire d'État, de l'Agriculture
et du Commerce,
Signé: L. CUNIN-GRIDAINE.

N° I. — ACTE DE CESSION.

(Quand les deux parties figurent dans l'acte.)

Par-devant moi notaire royal et public en la ville de....,
en présence des témoins ci-après dénommés, domiciliés et
qualifiés,

Est comparu en personne M. N....., mécanicien, demeurant à....., lequel a, par ces présentes, cédé et transporté, sans
autre garantie que celle de ses faits et promesses personnelles,
à M. N....., demeurant à....., à ce présent et ce acceptant, le
Brevet d'Invention (d'importation ou de perfectionnement),
pris en France, par le comparant, le...... mil huit cent.......
pour cinq, dix ou quinze années, pour (*mettre ici le titre tex-
tuel du Brevet*).

Le présent transport est ainsi fait, moyennant la somme
de mille francs que le sieur N..... reconnaît avoir reçue, et
dont il donne quittance. Et en outre à la charge par le cessionnaire, qui s'y oblige, de payer les frais du présent acte,
et de remplir les conditions imposées aux cessionnaires par
les lois spéciales.

Dont acte fait et passé en l'étude, le......., en présence de
M. R....., négociant, demeurant à....., et M. S....., aussi négociant, demeurant à.....

Et ont les parties signé avec les témoins et ledit notaire,
après lecture faite.

Nº II. — ACTE UNILATÉRAL DE CESSION.

(Quand une seule des parties figure dans l'acte.)

Par-devant moi notaire royal et public en la ville de....., en présence des témoins ci-après dénommés, domiciliés et qualifiés,

Est comparu en personne M. N....., mécanicien, demeurant à....., lequel a, par ces présentes, cédé et transporté, sans autre garantie que celle de ses faits et promesses personnelles, à M. N....., demeurant à....., le Brevet d'Invention (d'importation et de perfectionnement) pris en France par le comparant, le..... mil huit cent....., pour cinq, dix ou quinze années, pour *(mettre le titre du Brevet).*

Le présent transport est fait moyennant la somme de mille francs, que le comparant reconnaît avoir reçue dès avant ce jour du sieur N....., et dont il donne quittance.

Et en outre à la charge par le cessionnaire de payer les frais des présentes, et tous autres frais et honoraires auxquels la régularisation des présentes pourra donner lieu, et enfin d'accomplir les formalités imposées aux cessionnaires de Brevets par les lois spéciales.

Le sieur N., en acceptant la présente cession, devra s'obliger en même temps à accomplir toutes les conditions y stipulées.

Dont acte fait et payé en l'étude, le..... en présence de M. R., négociant, demeurant à....., et de M. S., aussi négociant, demeurant à.....

Et a, le dit comparant, signé avec les témoins et le notaire, après lecture faite.

N. B. La présente devra être acceptée purement et simplement par le cessionnaire, par acte séparé, dressé par-devant notaires.

N° III. — POUVOIR.

Par-devant

Est comparu M. A. B.

Lequel a, par ces présentes, constitué pour son mandataire général et spécial. M. Antoine Perpigna, avocat à Paris, auquel il donne pouvoir de prendre, au nom du comparant, tous brevets d'invention pour découvertes qu'il peut avoir faites ou qu'il pourra faire; fixer la durée de ces brevets ainsi qu'il le jugera convenable; prendre pareillement tous certificats d'addition devant se rattacher soit à des brevets obtenus par le comparant, soit à ceux qu'il pourra obtenir ultérieurement;

Aux fins que dessus, et dans les différents cas qui pourront se présenter, faire toutes déclarations, élire tous domiciles, signer et parapher toutes pièces, requérir tous procès-verbaux, signer et émarger tous registres, et en général faire le nécessaire, promettant l'avoir pour agréable et le ratifiant par avance.

Dont acte fait en l'étude, le

FIN.

9 782016 130087